FUTURE

FUTURE

長銷典藏版

金融的智慧

結合文學、歷史與哲學的哈佛畢業演講，
教你掌握風險與報酬

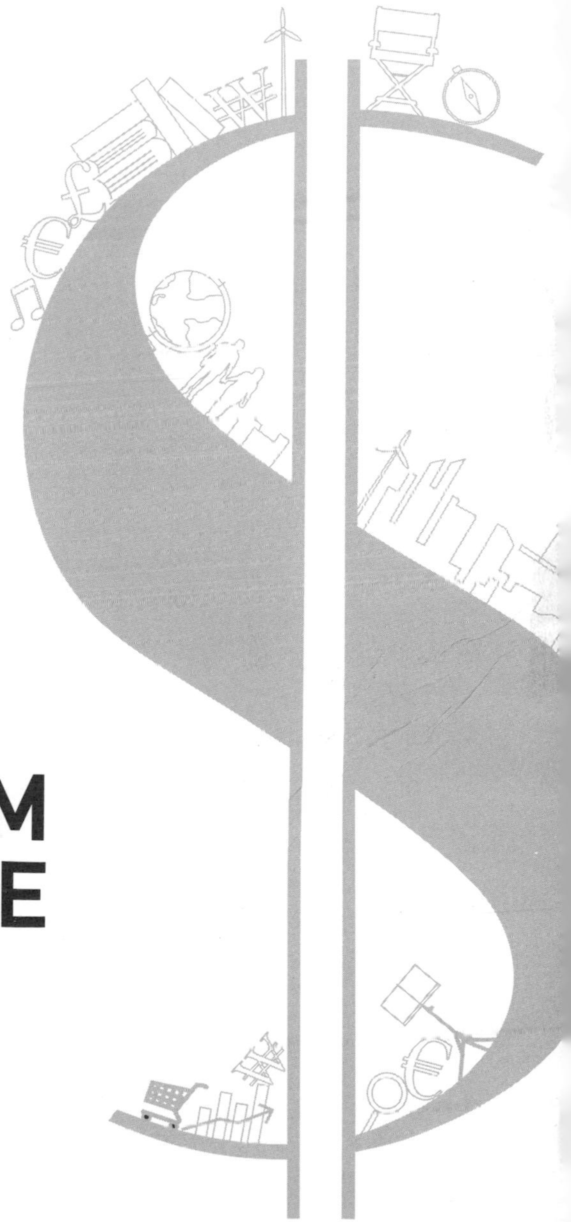

THE WISDOM OF FINANCE

Discovering Humanity in the World of Risk and Return

米希爾．德賽 Mihir A. Desai——著
陳重亨——譯

金錢，也是一種詩。

——華萊士・史帝文斯（Wallace Stevens），

摘自《遺作文集・箴言錄》（*Adagia, Opus Posthumous*）

目錄
contents

第2章
風險事業：選擇和分散，管理工作和婚姻

第3章
價值：如何創造，又該怎麼衡量？

目錄
contents

目錄
contents

好評推薦

國內專業推薦

「讀這本書，讓入門者了解金融，讓金融人獲得智慧。」

——王伯達，財經自媒體《王伯達觀點》

「藉由理解本書的要點，充分用運你的天賦才能，隨著時間創造出理想的價值！」

——雷浩斯，價值投資者、財經作家

知名學者也推

「米希爾．德賽是個可以帶來財富的人，因為他是博學多聞的經濟學專家。在這本書中，他運用自己的才能為現代金融提供迷人的新視角，讓我們看到金融的重要觀念，也可以在文學和藝術中找到類似的概念。金融專業的學生如果用心在文藝上，而人文學科的學生研習金融，雙方都會學到許多珍貴的知識。」

——奧利弗．哈特（Oliver Hart），二〇一六年諾貝爾經濟學獎得主

「米希爾．德賽這本深思熟慮的優秀著作，不只是讓我們更加理解金融在社會的作用，也揭示出它在道德和社會方面的影響。」

——拉凱許．古拉納（Rakesh Khurana），哈佛商學院領導學程教授

「德賽為學門對話踏出實實在在的步伐……不管是金融家或學者，如果有更多人可以把這種精巧的經濟知識和對於人生的理解結合在一起，那就太好啦！」

——蓋瑞．莫森（Gary Morson），西北大學藝術與人文學科教授

「一位學養兼具藝術、文學、當代文化和金融理論的學者，米希爾．德賽不可思議地將這些世界融合在一起，在自己融會貫通之後，以引人入勝的獨特敘事方式，向我們介紹它們

之間的深層關係。」

——威廉・戈茲曼（William Goetzmann），耶魯大學管理學院金融與管理研究教授

「在本書裡，米希爾・德賽巧妙實現兩個目標：清晰解釋了金融的運作及其重要性，而且讓我們知道人文修養可以幫助我們更深入地了解生活和世界。」

——克萊頓・羅斯（Clayton Rose），美國鮑登學院院長（Bowdoin College）

暢銷作家也推

「本書真是讓人驚嘆又著迷的博學，我們原本以為自己了解這個世界，但它其實所有道路都通向金融主題，尤其是保險。高度推薦！」

——賽斯・高汀（Seth Godin），《紫牛》（*Purple Cow*）作者

「在這個暢曉易解而機智詼諧的研究中，米希爾・德賽把金融和哲學、文學及人性本

質揉合在一起，從法國大革命談到黑色電影，從機率分配說到英國小說家珍・奧斯汀（Jane Austen）和《辛普森家庭》（*The Simpsons*）。真是一場驚人的知識饗宴！」

——賽巴斯汀・馬拉比（Sebastian Mallaby），《知者：艾倫・格林斯潘的生涯》（*The Man Who Knew: The Life and Times of Alan Greenspan*）作者

「本書對全球經濟的貢獻，就像艾倫・狄波頓著作《擁抱似水年華》對法國文學貢獻一樣：為晦澀難解的主題帶來更多思考，同時點明它其實是你日常生活的核心。這是一個真正融合哲學與激情的創作，把艾德華・威爾森、傑夫・昆斯等思想家和藝術家的思考與經歷揉合在一起，讓我們了解如何做出正確的選擇。在這個混亂的世界中，每個人都應該閱讀米希爾・德賽這本非凡著作！」

——利亞・卡本特（Lea Carpenter），美國知名作家、編劇

「整本書都好棒，而且讀起來很愉快。德賽向熱愛文學藝術的人介紹金融，又向熱衷經濟學的人介紹文藝。各位要是兩者都喜歡的話，那更是樂在其中，特別受用。我看書的時候不停喊著：『我懂了！我懂了！』這本書會讓你的精神生活更加豐富，也許物質生活也是。」

——威爾・施瓦比（Will Schwalbe），《紐約時報》暢銷書《最後的讀書會》（*The End of Your Life*）作者

「本書是難得一見的好書，既有啟發性又有趣。那些慣常受到醜化和片面描述的主題，如今是以人文思考的角度來檢視。你會很高興跟米希爾・德賽共渡這些時間，也會想起幾個你希望與他們一起分享閱讀的人。」

——蓋兒・雷蒙（Gayle Lemmon），《紐約時報》暢銷書《艾希莉的戰爭》（Ashley's War）作者

商業領袖也推

「對於我們這些長久以來認為金融不只是個謀生好領域的人，米希爾・德賽這本書揭開了神祕面紗，讓我們知道理解人文學科也可以提高我們金融業者的效率，並且在這個過程中添加許多歡樂。」

——拜倫・韋恩（Byron R. Wien），黑石顧問夥伴公司（Blackstone Advisory Partners）副董事長

「米希爾・德賽精闢運用金融世界的原創教訓，使我們都能過著更安全、更愉快，也更幸福的生活。他從歷史和現實經驗中引用無數案例，深入淺出地介紹金融基本概念，豐富並改善我們的生活。」

——比爾・喬治（Bill George），醫療科技公司美敦力（Medtronic）前董事兼執行長

「本書是對金融感興趣或想要從事金融業的人必須一讀的好書。米希爾滔滔雄辯的為我們追溯現代金融體系的產品、服務與實務，揭示出文學在這方面的背景和描繪。對於這個眾說紛紜的主題而言，這真是個令人耳目一新的好辦法！讓金融從業人員重新獲得讚賞（和理解），了解自己在公司、在這個行業，以及在整體經濟中扮演了什麼角色。」

——維克拉姆・潘偉迪（Vikram Pandit），歐羅根集團（The Orogen Group）董事長兼執行長、美商花旗集團（Citigroup）前執行長

「一本觸類旁通、異常振奮人心的新書。德賽透過他的雄辯與解釋，實際上是一個消解敵意和啟發的過程。」

——英國精品電商平臺 Mr. Porter

國際媒體也推

「這是一本迷人、振奮又好看的書，對於金融業以外的人來說，是一本很棒的教學工具書；對金融從業人員來說，是非常需要的告誡與提醒，可能還是個勉勵。」

——吉蓮．邰蒂（Gillian Tett），《金融時報》（*Financial Times*）執行主編暨專欄作家

「深入淺出……哈佛大學經濟學家德賽是個典型的博學讀者，從特羅洛普、漢密特等作家的著作中看到了融資槓桿和選擇權理論等概念。」

——《紐約客》（*The New Yorker*）雜誌

「那些原本就熟悉金融界的人會得到不同的解讀觀點，而對我們其他人來說，德賽給了一個入門階。」

——《波士頓環球報》（*The Boston Globe*）

「這本精緻而博學的書，為金融外行人提供非常珍貴的說明，又讓金融從業人員拓展了藝術視野。德賽這套辦法擴大且豐富了我們的觀點。」

——《出版人周刊》（*Publishers Weekly*）

「藉由文學、歷史和哲學的連結，德賽喚起深度共鳴。這是一部大膽又有趣的創作，金融從業人員和一般大眾都能學到許多經驗和教訓。」

——《環球郵報》（*The Globe and Mail*）

推薦序

了解投資理財，你會更認識這個世界

——Mr.Market 市場先生，財經作家

「學習投資，對你最大的幫助是什麼？」如果有人這樣問我，答案絕對不是提高收入、得到財務自由，而是讓我在做出人生每一個抉擇時，做出更多正確的決定！

大多數投資理財書籍都在提供投資的原理和方法，但這本書雖然也談到很多投資理財的專有名詞，但這些名詞背後的意義不單是對投資的理解，而是能讓你對生活有更多不一樣的見解，在書中談到非常多有趣的例子。

以保險為例，多數人第一直覺想到的是保險帶來安全感，或是討厭被推銷。但很多人忽略了，保險觀念其實是整個現代經濟體系能建立最大的基礎。

古代航海船舶，無論是船隻或貨品都需要投資人大量的資金，可是一旦沉船這些資金就

會付之一炬，沒人願意承擔這風險商業活動也就無法進行，該怎麼辦？其實只要把巨大的虧損，分散給很多人承擔問題就解決了，因此也創造價值，這就是一種保險的概念。

理解保險觀念還不夠，如何讓你把它用到生活中更重要，作者提到「把自己當成保險公司」意思是用保險公司的眼光去認識世界，不是看到恐懼而去買保險，你應該思考的是自己如何安全的承擔風險，並且從中得利。

安全承擔風險，來自於把不確定性變確定，也就是機率的概念。丟出一枚硬幣，出現正面、反面是不確定的，但長期來說正反面出現的機率五〇％是確定的，這就延伸到了投資組合的概念。當人們有能力把不確定的事情變成確定，價值就從中產生。在第二章投資組合的章節，你不用懂什麼是資產定價或投資組合理論、β值（當然如果你懂，這本書的許多比喻會更加有趣），但透過保險的概念你可以知道，人們願意為了減少巨大傷害而付出代價，因此在投資中，理論上大家都該追求高報酬率的商品，但實際上卻存在許多炙手可熱的低報酬率商品，只因為「在災難來臨時它可以讓你虧損減少」，所以賺少一點沒關係。

書中談到債務的觀念，你也可以發現人們的矛盾。大多數人不喜歡負債，但對企業而言債務只是「槓桿工具」，工具沒有好壞之分，只有使用方式的差異，就像你不會討厭一把菜刀或鐵鎚一樣。有趣的是單純的工具，卻又會影響人的決策，例如：過度的債務會讓人畏首畏尾、害怕做出更多投資；你已經負債百萬的情況下，即使再投入百萬可以讓你有獲利，許多人也會因此放棄。但債務壓力也會讓人更正視創造價值，例如：你平常根本不願意運動，但當你繳了龐大的健身房費用以後，你會更重視健康。

希望看完書以後，不僅能改善財務，也能讓你的人生做出更多正確的選擇。

推薦序

發揮「金融智慧」，讓人生更美好

——吳惠林，中華經濟研究院特約研究員

金融，已是現代人耳熟能詳、琅琅上口的名詞，而且也發展成一個重要的產業，在大學裡更是熱門的科系和課程。它是一種「專業」，不是一般人可以了解的，尤其在「衍生性金融商品」源源不斷出爐，當中的高深數理，更讓一般人莫測高深，望而卻步。

另一方面，自泡沫經濟出現，尤其幾次金融大風暴、二〇〇八年金融大海嘯發生，金融給人負面的印象便揮之不去。在《華爾街》、《華爾街之狼》等賣座電影上演之後，貪婪、欺騙、放浪形骸、紙醉金迷就和金融操作人員緊緊相連。在有毒食品、商品氾濫之際，竟然有人將金融商品稱為「具劇毒的無形商品」。

金融的兩極看待

不過，儘管金融受到兩種極端的看待，金融科技仍持續研發，而且現代人也脫離不了金融，因為金融和貨幣、金錢被畫上等號，縱然在數位經濟蓬勃發展之後，有形的錢逐漸被取代，「五鬼搬運」越來越方便，但還是需要以貨幣做為計量單位，只不過金融的型態更為寬廣，也越來越模糊。這樣的發展對於人類的福祉是好是壞？恐怕得回歸「金融的本質」。

如今我們都知道，商品經濟、市場經濟的出現，大大提升世人生活的福祉，而交易媒介、計量單位、金融中介就變得不可或缺，於是貨幣、金融機構乃應運而生，投資、資本、廠商、借貸、購併、股票、保險、各種衍生性金融商品亦紛紛湧現，不但豐富這一代人的人生，也影響到下一代、下下一代……代代相傳，永永遠遠。不過，我們無時無刻都在使用的金錢、貨幣，究竟具備何種內涵？已故知名經濟學家、產權大師艾爾秦（A. Alchian），在一九六三年於加州大學洛杉磯分校（UCLA）對一班ＩＱ頂高的博士生發問：「什麼是貨幣？」經過三個星期的討論，依舊找不到滿意的答案；多年後，他又發表了一篇〈什麼是貨幣〉的論文，還是無法令人滿意。而一九七四年諾貝爾經濟學獎得主之一的海耶克（F. A. Hayek）更說：「貨幣，或者我們平常使用的『金錢』，是所有事物當中最難理解的東西。」

回歸「金融本質」

由於人類的貪婪很常被金融商品勾引，導致投機炒作橫行，欺騙、不誠信成風，倫理道德被揚棄，於是金融科技脫離人文，走向敗壞之路，因此有必要讓分離的科學和人文相互結合，發揮「金融的智慧」，挽救人類文明免於衰落，甚至滅亡。其實，早在一千多年前，中國唐朝唐玄宗開元時期的宰相張說，在其《錢本草》短文中，就將錢比喻為一帖中藥，若用「道、德、仁、義、禮、智、信」七種方法精煉，就可長久服用，使人延年益壽，若不這麼服用，就會消滅情志、損傷精神，可謂將錢財的運用及用途做了絕妙詮釋。

如今，美國哈佛大學教授米希爾．德賽（Mihir A. Desai）寫的這本《金融的智慧》，從人文觀點透視金融的中心概念，且跨越金融與文學、歷史、哲學、音樂、電影和宗教之間的隔閡，拉近彼此的鴻溝，讓大家從人文的角度理解金融到底是什麼。作者不說行話、不看公式和圖表，而是秉持人文精神發現金融智慧，他以說故事的方式，講述一堂生動迷人的金融課，讓讀者自然而然沉浸在金融直覺裡。作者清晰解釋了金融的運作及其重要性，讓讀者知道人文修養能幫助我們更深入了解生活和世界，很值得一讀。

推薦序

用說故事的方式，讓你了解金融概念

——財報狗，臺灣最大基本面投資平臺

這是一本充滿故事的書。如果你對金融有興趣，而且喜歡聽故事，這本書適合你。

作者米希爾・德賽是哈佛商學院和法學院教授，以稅賦、國際金融與企業融資等領域見長。於此書中，作者大量運用我們生活周邊的故事，包括聖經、文學著作或歷史等各種來源，在作者的娓娓道來之下，這些多數看似跟金錢沒有關係的故事，卻能說明許多重要的金融概念，巧妙地和不同金融理論建立連結。

舉例來說，在第二章中，作者以《傲慢與偏見》裡不同女性角色對婚姻的看法為例，說明面對未知的婚姻風險，她們各自採取什麼不同的做法，該故事背後正是金融上選擇權、風險管理的概念；在第四章中，作者用教養孩子的例子，闡述委託代理的概念。

在讀這本書的時候，很難分辨你到底是在看故事學習金融觀念，還是以金融的眼光，重新看待這些故事。也許作者自己將這本書詮釋得最好：「這本書要討論的是，從人文觀點透視金融的中心概念。而且反過來，我們也會透過金融概念，清晰地看到它和人文層面也有許多驚人的共同點。」

我很喜歡這本書的一點是，作者不僅將這些故事連結了金融概念，更介紹這些金融概念當初形成的背景與原因。例如：保險當初是源於商務的海運，為了避免商人出海遇到海盜或風暴等不可預期的因素，不但沒賺錢還有可能必須賣身為奴的風險，因此衍生出保險這種商品；又如法國大革命前的年金問題，法國政府為了籌資，而做出怎麼樣的選擇，這些選擇又帶來怎麼樣的後果。透過介紹成因，讓你了解這些金融概念如何誕生，摒棄了冰冷的數字與枯燥乏味的計算公式，重新賦予生動的情境，並增添了人文的意涵，更能夠讓你貼近核心。

除了重現這些金融觀念的誕生，我很喜歡的另一點是作者說明價值的章節。熟悉投資的人都會知道，當我們計算一間公司的價值時，主要是衡量這間公司未來能夠帶來的現金流量，而其中大部分的來源則是最後的期末終值（終極價值）。但這跟我們的日常生活有什麼關係呢？作者把它連結到了人生的價值。如果你想做一個有價值的人，那就要知道，你未來三、五年過得如何，對你這段的價值並沒有太大的影響；真正有影響的，來自我們身後留下的恩澤遺愛。這也符合古人的想法，一個人真正的價值和意義來自於三件事：立德、立功、立言，人生三不朽。

透過本書，能夠學到許多金融觀念，因此非常適合對金融觀念還在摸索階段的入門者。而書中結合金融與人文兩種面向的有趣故事，帶來不同的思考觀點，更推薦給所有對金融有興趣的讀者。

推薦序
想不到的金融人生

——劉瑞華，清華大學經濟學系教授

二十幾年前，當我正要開始到大學教書的時候，經濟學界剛剛出現一種叫做「經濟學修辭」（rhetoric of economics）的方法論。簡單說，它主張經濟學的學習與傳授是透過各種修辭方式，不同的修辭方式不僅產生形式的差異，也影響知識的內容。雖然我接受這樣的想法，也覺得應該在教學方法與內容有些新的安排，但我必須承認，最初幾年教學經歷，我都在模仿自己學生時代老師們的傳統做法。

等我有了幾年教書經驗，開始試圖改變授課內容與上課方式，用一些小說與電影情節說明理論，我才發現困難超過我的想像。拿「水滸傳」裡九紋龍史進出身的史家莊說明沒有封建的莊園，或者用電影《與狼共舞》（*Dances with Wolves*）解釋狩獵社會的財產權，我認為很有趣，可是多數學生都沒讀過、沒看過。這本書對我來說，真是相見恨晚。讓我相信，即使年輕的一代不愛讀老書、不愛看老電影，我還是會繼續那樣上課。

從修辭的角度理解知識有一個發現，那就是可以看到一門學問的盲點。很多人都知道，經濟學原理的教科書裡幾乎找不到「價值」（value），而「價格」（price）卻無所不在。經濟學發展出成熟的價格理論，省掉了各種價值理論眾說紛紜的困擾，是科學的進步，然而也很遺憾的失去了從經濟學中了解價值的機會。現在最常提到價值兩字的學問是財務金融。

我非常喜歡本書作者先從保險的理論發展介紹風險的本質，從這裡他將金融理論連結上了面對人生的態度。書中所說「每個人應該把自己當成保險公司」，是我近年來在金融類書籍中讀過最有智慧的一句話。

價值，沒錯，本書這部分道出了我多年來希望學生能在經濟學裡學到的東西。價值是財富背後的原因，追求財富如果是來自創造價值，金融業壓根就沾不上惡名。然而金融界的確常發生弊案醜聞，只能怪價值確實太難懂，有人搞不清楚，有人故意讓別人搞不清楚。

我可以很肯定地說，這是一本好看的金融書，不過未必每個人都覺得很容易讀。作者的文筆非常好，不容易的原因是他提到的小說、電影只會吸引愛閱讀、愛文藝的人。既然你已經拿起這本書看到了這裡，你應該就是這樣的讀者吧！

推薦序
是金融的智慧，更是人生的智慧

——螺蛳拜恩，暢銷作家

閱畢《金融的智慧》一書，我的第一個念頭是想大力譴責作者：「太晚讓這本書問世了！」本書論點何其有趣！假如早點體悟書中內容，過去數十年人生亦不致與金融的世界錯身而過。

以往，我總帶著兩種根深柢固的觀念，一種是高中數學總平均三十分之文科生對於數學之懼怕，根植於內心的恐懼延伸至成年後周遭的金融議題。早晨翻開報紙，看頭版、藝文、國際新聞、娛樂八卦必不錯過，最後拿財經版和徵才頁面包便當。

這種恐懼包含了「與我何關？」的冷漠無所謂，愚直地領著一成不變的薪水存入帳戶，不接觸任何聽起來晦澀難解的投資術語，只堅信婆婆媽媽口中那句：「高中畢業後就用不到數學了，除了去菜市場的時候（現在該改成去 Costco）。」

另一種刻板印象則源自小說、戲劇等文本，甚或現實社會帶給大眾的偏見：冷酷無情、為富不仁，又充斥貪婪欲望，即便宣告破產，仍悠閒帶著年輕情婦逃往國外度過豪奢生活，成為市井小民茶餘飯後憤恨不滿的撻伐目標。

那個波瀾起伏的金融世界與我無關，看書前，我是這樣想的。

然而，不同於以往財經相關書籍之閱讀經驗，《金融的智慧》不採用任何公式或圖表，突破固有窠臼藩籬，以科際整合之概念，融藝術、文學、哲學、戲劇等學科於一爐，煉出了一本讓人相見恨晚的知識饗宴。他從珍奧斯汀的《傲慢與偏見》談風險管理；從風波不斷的饒舌歌手肯伊．威斯特（也許我們可以期待未來某篇與金．卡達夏和泰勒．斯威夫特有關的章節）及文藝復興時代的嫁妝基金討論企業合併；連佛洛伊德和邊沁都來湊一腳，行雲流水之文筆和隱隱透出的黑色幽默令讀者忍俊不住。

我不知該用何種言語，形容對《金融的智慧》之喜愛，以及對作者仰之彌高、望之彌堅的尊敬與折服。一般而言，讀書的樂趣亦可分為兩類，其一是文字運用淋漓盡致，搭配刺激感官的精采故事架構，讀之深覺樂趣無窮，但所謂的「樂趣」一閃即逝，離開書本後，讀者與書籍再無連結。

其二是初讀恍然不覺，頁頁翻過益發有味，先讚嘆內容扎實、智識無窮，無半字冗言贅句；再感嘆行文深入淺出、句句擲地有聲，直指核心概念，從此翻轉原本歧見，進一步改變個人價值觀與人生觀（是邪教嗎？）。本書當屬後者，直至掩卷，我終知人生離不開金融，逃避它不如正視它，運用《金融的智慧》，才能為自己創造美好生活的條件，此乃金融的智慧，更是人生的智慧！

作者序

跨越金融與人文的隔閡

這本書不是要幫你在股票賺很多錢或怎麼存下一筆財富的最新研究，也不是要說你的退休資產應怎麼分散投資才好。這本書是**跨越金融與文學、歷史、哲學、音樂、電影和宗教之間的隔閡，拉近彼此的鴻溝，讓大家從人文的角度來理解金融到底是什麼**。

這本書談的是關於美國哲學家皮爾士（Charles Sanders Peirce）、詩人史蒂文斯（Wallace Stevens）對於風險和保險曾提出什麼樣的創見和指導；英國小說《傲慢與偏見》（*Pride and Prejudice*）中的伊麗莎白・班奈特（Lizzy Bennet）以及《菲尼斯・芬恩》（*Phineas Finn*）的紫蘭・愛芬罕（Violet Effingham）是多麼傑出的風險管理者。這本書會探討的是塔倫（金錢）與才能的比喻，還有英國大詩人彌爾頓（John Milton）對於價值創造與估算的睿智見解；文藝復興時代佛羅倫斯的嫁妝融資習俗和電影《上班女郎》（*Working Girl*）對於併購的犀利看法；從美國殖民時代首富驚天動地的破產，到希臘悲劇英雄的悲慘歷程等，來看金融破產和財務困境的問題；從美國藝術家傑夫．昆斯（Jeff Koons）的一生和小說《長日將盡》（*Remains of the Day*）那位管家史蒂文斯先生的事蹟，了解財務槓桿的力量與危險。

總之，這本書要討論的是**從人文觀點透視金融的中心概念**。而且反過來，我們也會**從金融概念清晰地看到它和人文層面有許多驚人的共同點**。

所以這本書也會談到**了解保險概念可以幫助我們了解這個世界，面對種種混亂狀況；了解「資本資產定價模式」可以讓我們了解人際關係的價值，以及愛的無條件本質；了解價值創造可以幫助我們的人生過得更有意義；了解破產可以幫助我們怎麼坦然面對失敗；以及了解財務槓桿理論可以教導我們「承諾」的價值**。

對於不熟悉金融實務但感到好奇的讀者來說，這本書不使用任何公式或圖表，只採用說故事的方式來闡述金融的主要概念。讓我一直感到很驚訝的，有好多學生對於金融議題非常畏懼和害怕。當然這是因為某些金融界人士最愛故弄玄虛、嚇唬外行人。不過要是以說故事的形式來闡述這些金融概念，過去那些讓人退避三舍的恐嚇素材也會變成容易理解且充滿樂

* Generation Alpha，二〇一〇年之後出生的世代。

趣的文本。對於關心這些議題的大眾和懷有抱負的專業人士來說，金融觀念是再重要不過了，一味閃躲、輕忽，恐怕是會讓你付出莫大代價。至少你身邊的人開始談到選擇權、融資槓桿或「阿法世代」*時，你要知道他們在說什麼。

對於金融相關科系的學生和金融從業人員來說，這本書會以不同過往的全新角度帶領你**重新審視金融的重要概念**。我在課堂上看到許多從業人員，他們接收到的金融教育往往是以機械式的方式來傳授，所以他們對於基本概念的理解非常淺薄脆弱。當我探索他們的基本直覺時會發現，就算他們理解那些金融公式也沒多大幫助，在他們的實際工作中還是無法順利運用這些基礎觀念。但若是透過這種跟過去完全不同的方式重新審視相同概念，不但可以幫助大家深入理解，更重要的是培養出更為透澈的直覺。

對於那些從事金融業的讀者來說，本書還有一個最後的承諾。你今天的努力經常受到各式各樣的誣衊和誹謗；要是你的工作一貫受到如此的曲解和中傷，又怎麼會理解自己的人生呢。然而金融的確是有很大的價值，而且現實上也能創造出很大的價值。把這個觀念上的價值和現實價值重新連接在一起，你也許就能理解到，你這一生的工作就是把自己珍視的價值做有意義的延伸。

本書的最大企圖是**在金融核心概念中重新發掘人文特質**，希望藉此可以改善金融實際運作的狀況。一味地醜化詆毀只會得到反效果，而厲行管制雖然有用，對於金融淪為壓榨手段而非價值創造的現況也是收效有限。但或許透過講故事的方式來彰顯金融概念在我們的生活與工作中的作為和影響，可以讓我們找到一條路重新找到這份專業的高貴與尊嚴。

前言
不說行話、不看公式和圖表，用人文發現金融智慧

「華爾街和商業大街」（Wall Street vs. Main Street）兩相對照的說法，反映出大家都把金融業看做是壓榨價值而不是創造價值。這也表示大家越來越清楚地認識到，金融對於經濟和我們生活的影響是處於核心位置。金融活動到處都看得到，從退休資產到住房、教育各方面的投資都是。由於金融活動引發的深深懷疑和好奇，再加上本身帶有的複雜，比方說讓人頭暈眼花的首字母簡寫、一大堆公式規則和報表，都是大眾難以理解金融世界的莫大障礙。

這對金融從業人員來說，也會產生幾個問題。他們必須更清楚地說明和解釋他們在做什麼，才能贏回民眾的信心；需要更多保證，才能讓大家相信他們的活動是真的在創造價值。對於個人而言，在一個普遍遭到質疑的產業中工作，也一定不好受。因為社會對你的期望這麼低，金融專業人士怎麼會受到鼓舞，那種不受期待的低落心情和胡作非為的自暴自棄，也就因此惡性循環不知何時是盡頭。

我們要怎麼介紹金融觀念，讓大家都能以肯定的態度來接觸和理解呢？我們要怎樣提升道德，讓金融活動在實務上獲得改善呢？這本書採取非正統的立場，就是想**透過人文學科的觀點來檢視金融活動，幫助大家重建金融的人文特質**。金融解決的問題以及其方法之奧妙，如果透過生活中的一些故事來闡釋，應該是最容易被人理解的方式。要改造金融不是依靠管制或一味地批評責備，而是要讓從業人員重新找到金融的核心理念和理想，才能幫助他們相信自己在金融活動中是創造價值而非榨取價值。把這些核心思想和文學、歷史與哲學聯繫起來，可以喚起他們的深度共鳴，讓他們更有能力抵抗貪汙腐化的誘惑。

對金融和市場的負面心態

我在偶然間想到這個可以把金融與故事互相聯繫起來的辦法。二〇一五年春天，我發現自己又陷入經常面對的困境：拖到最後一刻才努力信守承諾。之前我答應為哈佛商學院管理碩士班做「最後一場演講」。所謂的最後一場演講是該校的傳統，讓教授可以在學生畢業的前夕對他們說點充滿智慧的話語。說得好的話，可以讓整間大學重新回復早已消逝的往日榮光。那時候的大學並不只是專業知識的生產和傳播而已，而是整個沉浸在一種古老的泱泱大度，就像一百五十多年前英國宗教家紐曼（John Henry Newman）所說的：「那些一般原則你在家裡自己看書就能學會，但是那些活躍於我們之中的細節、顏色、語氣、氛圍和生命，你只能從那些身體力行的學者身上才學得到。」[1]

我那場演講的講稿又拖了一段時間後，本來想退回自己熟悉的領域，談談美國企業最近在金融方面的發展，題目叫做「美國融資併購的慢動作解析」（The Slow-Motion LBO of America），說明最近流行的股票回購熱潮及如何逆轉這種趨勢。我在這方面的確有些具體的意見可說，且深具有挑釁的爆發力。在這方面我覺得自己高人一等，跟過去那些虛胖浮誇的演講比起來，我的講詞必定是勁爆又有料！

如此決定之後，我去找一位好朋友兼同事。過去一年來我們兩人一直在討論要如何改變自己、重新塑造自我，要強迫自己去接受新挑戰。我告訴他演講主題要說什麼以後，他的反應是一片靜默。但我心裡彷彿已經聽到他的質問：「真的嗎？你覺得他們畢業後需要的是這個嗎？而且這也是你需要的嗎？」

光是他的反應就讓我知道自己正在錯過一次好機會。而他的友誼讓我有勇氣去思考，像我這種長年依賴統計數字和經濟模式的社會科學家，怎樣才叫做深具挑戰的事。我不應該挑選一個對自己只是很安全的主題，我應該談談怎樣才是美好人生。不過像我這種中年大叔，知道什麼叫做美好人生嗎？

長久以來，我對某個看法一直覺得很困擾，那就是大家都認為如果想要過上好日子，一定要離市場遠一點，尤其是金融市場。**大家誣衊詆毀金融已是家常便飯，以為金融不能為世界帶來多少價值，它的背後肯定也沒有多大的智慧**。專業經理人還說金融跟上帝的工作有得比，實在是其笨無比，這只會讓大家更覺得這裡頭的確沒有什麼智慧可言。

殊不知，這種普遍排斥金融和市場的負面心態其實才有問題。首先，否定市場和金融的智慧可說是非常沒有幫助。許多博學之士、通達之人都跟市場關係密切，他們活在世上的大部分時間都在關注金融和財務問題。如果一味指責金融毫無正面價值，無疑就是鼓勵那些人在專業生涯中不必考慮到「價值」，可以把個人和道德從工作中抽離。但這樣的抽離不僅是強人所難，恐怕也難以為繼。你這輩子要是光做些既沒智慧又沒價值的事，哪裡還會指望什麼美好人生啊？

除了非常不切實際之外，這種排斥也是不對的心態。我有很多朋友和以前的學生都喜歡金融、市場和商業，並且從中找到認同和肯定。他們知道金融雖然跟上帝的工作沒得比，卻還是從這項專業裡獲得真正的喜悅。有什麼粗俗愚魯又毫無道德價值的事情，可以讓他們產生這樣的喜悅和專業的滿足嗎？要是大家的偏見是錯的而且毫無幫助，那麼相反的觀點應該怎麼呈現給大家呢？

所以後來我定了一個四平八穩的題目——「金融的智慧」，不過那時我自己也不知道這到底是什麼意思。在接下來的幾個星期，讓我感到很驚訝的，我很容易就把金融教訓與生活聯繫起來，而且這種連結可說俯拾皆是，素材豐富。演講結束後，商管學院畢業生的反應讓我嚇一跳！對於這種絕非天馬行空，而是實實在在從生活層面和工作中提煉出來的智慧，他們竟是如此渴求。那些已經到了職涯中點的經理人對此更是欣賞，因為他們對於生活帶來的種種挑戰早就了然於心。況且就跟過去曾發生過的一樣，我無意中隨興答應的承諾，竟然帶來這麼多的回報，已遠遠超出我一開始的投資。

金融市場被認為跟人文修養背道而馳

雖然那次演講讓我釐清金融核心理念對於生活意義的問題，但要完整地用文字闡釋出來又是一個新的問題。對於金融與生活相關議題的討論，如果是商業界人士大概可以輕輕鬆鬆地聊上一個小時沒問題。可是要透過一本書和許多不同類型的人談這個主題，我有辦法持續下去且說得活潑有趣嗎？我做了一場演講，就能寫出一本書嗎？

當我正跟這些問題搏鬥時，我想起一段對於金融最好的描述，它不是來自教科書或商業新聞臺CNBC的特別節目，而是在一六八八年由一位西班牙裔猶太人在阿姆斯特丹用西班牙語寫出來的寓言故事。

在《混亂中的混亂》（*Confusion de Confusiones*）一書中，德拉維加（Joseph de la Vega）生動描述金融市場剛開始出現時，許多人對它的困惑和迷戀。當時那些生猛有力的市場其實只交易一家公司的股票，就是荷蘭東印度公司。這檔股票在當時的狂熱交易和影響，幾乎就等於現在的谷歌、阿里巴巴，再加上奇異公司（General Electric，或稱「通用電氣」）的總合。

德拉維加所寫的，有些現在看來是太過久遠而費解。比方說，他談到荷蘭東印度公司放發股息「有時候是以丁香（cloves）來支付……因為董事們認為這樣很划算」。但他說的故事有些部分又跟現代很像，例如：他說到利率太低引發市場泡沫，還有一家公司破產後又如何重組的情況。

他並不是乾巴巴嘮叨這些市場的本質，而是藉由一位商人、一位哲學家和一位股民的對話，說了個精采的故事。這裡頭的商人和哲學家，代表的是實業家和思想家，因為金融市場到底是怎麼運作的，讓他們感到困惑，所以他們向真正買賣股票的股民討教。

當哲學家說他對於金融市場所知甚少，那位股民說出這段我最最最喜愛的精采描述：「要是你對這門神奇的生意一點都不了解的話，我必須說，你真是無知啊！我的朋友，格雷比爾。它是歐洲最公平也是最大的謊言，全世界最高貴也最無恥，是地球上最美好也最粗俗的買賣。這是學術的精髓，也是詐欺的典範；聰明人靠它點石成金，魯莽者葬身其下；是有用的寶藏，也是災難的淵藪。結果是從來不得休息的薛西佛斯（Sisyphus），也是被綁在輪子上永遠轉個不停的伊克西翁（Ixion）。」[2]

德拉維加透過故事來捕捉金融最好和最糟的一面，而這則故事又引導我看到許多故事中的金融特質。我是一直很喜歡聽故事，但成為經濟學家以後又讓我對故事感到懷疑。現在我準備回到它們身邊。

於是我很快就在文學、哲學、歷史，甚至大眾文化中找到許多金融的影子。等到我發現這些蛛絲馬跡，就更停不下來。而且我也開始明白，金融為什麼和這些領域有著深刻的關係。有很多人不相信市場，尤其是金融市場，是因為它們被認為跟人文修養背道而馳。但情況可能是剛好相反，金融正是跟人文有密切相關。

這種剛好相反的觀點有個例子。德國哲學家尼采（Friedrich Nietzsche）曾指出，責任和個人義務的概念完全是來自於「最古老也最原始的個人關係，也就是賣方與買方、債權人與債務人之間的關係。這是人第一次挺身對抗另一個人，人第一次和他人做比較。我們從沒發現有哪個地方的文明水準低到不存在這樣的關係。人最早就淨想著設定價格、衡量價值、辨別等值之物或交換物品，甚至就某種意義來說，這些想法可說就是人的思想。從這裡孕育出最古老的精明算計……把自己當做是會評估價值、計算價值、衡量價值的生物，也就是『天生會算計的動物。』」[3]

從金融與市場和人文相對的傳統看法解放出來以後，我就想寫一本書，把這原本敵對的雙方融合為一。這個融合就是我希望可以修復金融惡名的努力，讓它變得容易親近，也容易讓人理解。

一堂金融課，順利操控生命中的風險與報酬

本書章節可以隨你跳著看，但架構當然也是有其目的。我設想的理想狀況是讀者只要高

高興興聽故事，不知不覺就上了一堂金融課，自然而然地沉浸在金融直覺裡頭。

雖然許多人把金融比附為物理學，但其實它更類似生物學。生物學中有一門分支叫做「分子生物學」，這是研究生命最重要的基本組成部分。在金融裡頭，類似於此的分支叫做「資產定價」（asset pricing）。另一門學問「企業金融」（corporate finance）則是類似社會生物學，對我們在世界中實際會看到的各種偶發與和混亂都十分感興趣。這本書大概就是循著這兩個分支的概念進行討論。

前三章要談的是資產定價的基本問題，也就是世界上無所不在的各種風險該怎麼處理？當我構思本書時，我想起保險對於金融的核心意義，而且也影響我理解世界的方式，所以**第一章要借助英國博物學家高爾頓**（Francis Galton）**的梅花機**（quincunx）、**美國偵探小說家達許・漢密特**（Dashiell Hammett）、**哲學家皮爾士和詩人史蒂文斯的故事來介紹風險和保險的基礎知識**。

接下來的一章會把保險觀念擴展到兩個重要的風險管理策略：選擇與分散。在這一章裡頭，大部分要拜託英國小說家珍・奧斯汀（Jane Austen）、安東尼・特洛勒普（Anthony Trollope）和希臘哲學家泰利斯（Thales）來說故事。說完風險與保險的基礎知識後，緊接的一章要介紹風險與報酬的對應關係，以及這個關係所決定的價值創造的條件。對此，詩人彌爾頓、字典專家詹森（Samuel Johnson）以及一些博學之士的名言警句都會是我們的指導。

金融在資產定價方面所做的，就是嚴密且慎重地評估資產的風險，以及我們承擔那份風險所要求的報酬。**有很多人忽略市場即是建立真正價值的機制。而本書第一部分要談的就是「價值」的問題：價值如何出現、又該如何衡量？**對此將以豐富素材為金融與人文特質搭起友誼的橋梁。

資產定價雖然是衡量風險與價值的有力觀點，卻也忽視生活中許多混亂無章的現象。事實上，資產定價一開始的神話就是說有一個人在一座小島上，要用島上果樹生產的水果與他人交換的故事。資產定價只著重於資本所有者與其身外之物的關係，從而剔除世界上一些更為複雜的狀況，例如：企業組織、更複雜的個人動機，以及像是資源和資訊的不均勻擴散等狀況。這些混亂都是大多數人每天都會碰到的經驗，而這方面正是企業金融所面對的主題。

接下來的四章要探索的就是所有混亂狀況。**第四章要討論投資人及其創造性資產的關係，是如何受到個人動機的影響和牽動**。這時候我們會著重討論委託（股東）與代理（經理）的關係，這個「公司治理」的問題可以說就是現代資本主義的核心。美國導演梅爾．布魯克斯（Mel Brooks）的電影《金牌製片人》（*The Producers*）和英國小說家佛斯特（E. M. Forster）的《窗外有藍天》（*A Room with a View*）說的也是委託與代理（principal-agent）的問題，也很能代表我們在生活中有意無意間代理他人行事的種種狀況。

這時候已經談到企業組織，接下來會探討企業在何時可以結合在一起，即所謂的「合併」以及怎麼合併。**第五章會將企業合併比擬為戀愛關係**，從佛羅倫斯文藝復興時代的愛情談到金融界的豪門大族羅斯柴爾德家族（Rothschilds）的興起，還有美國線上公司（AOL）與時代華納（Time Warner）的合併，藉此一窺金融與戀愛間的錯綜纏繞。

接下來的兩章要**把資產定價的風險教訓和企業金融在意的混亂狀況拉在一起，探索債務概念和負債超荷的結果，也就是「破產」**。在這方面，美國藝術家昆斯的生平和英國大作家莎士比亞（William Shakespeare）劇作《威尼斯商人》（*The Merchant of Venice*）正可以讓我們看到以個人為背景的負債承諾。英國小說家石黑一雄（Kazuo Ishiguro）的《長日將盡》（*The Remains of the Day*）、美國殖民地時期首富的破敗和美國航空公司（American Airlines）的破產案例，則能向我們展示過度借貸的風險，以及各種責任義務相互衝突的報酬問題。

最後一章是要把本書之前大部分的討論綜合起來，嘗試去理解各章談到金融的高貴理念何以到今日淪落至此。在俄國小說家托爾斯泰（Leo Tolstoy）和美國小說家德萊賽（Theodore Dreiser）的故事中，可以看到典型的金融梟名，但美國作家薇拉．凱瑟（Willa

Cather）則為人生找到一帖祕訣，跟之前談到的金融高貴理念符合一致。本書最後是個簡短的「結語」，另外附上詳細的參考書目（包括深入閱讀的建議書單）。

等到這趟金融的分子生物學（資產定價）和社會生物學（企業金融）巡禮完成後，希望你能領略到金融領域的方方面面，並且幫助大家順利操控生命中的風險與報酬。

第 1 章

命運輪盤：
保險，了解人生的核心架構

在小說《馬爾他之鷹》（*Maltese Falcon*）中，達許．漢密特一度中斷驚險情節，半途說了一個精采的小故事。根據文學批評家馬可斯（Steven Marcus）的說法，這段佛利克拉夫特（Flitcraft）的故事是「整部小說的最核心……也是漢密特所有小說的核心之一」[1]。不過美國導演約翰．休斯頓（John Huston）據此改編，由年輕時的亨佛萊．鮑嘉（Humphrey Bogart）飾演主角私家偵探山姆．史貝德（Sam Spade）的經典黑色電影（臺譯片名《梟巢喋血戰》），卻沒有選入這一段。

那段故事是冷硬派的私家偵探山姆．史貝德，對他的致命冤家女主角布麗姬（Brigid O'Shaughnessy）說的。她在書中本來是史貝德的客戶，但很快就變成他的愛人，後來又變成越來越像是主要疑犯。在沒有明顯的動機下，史貝德突然說起佛利克拉夫特的故事，他本來是華盛頓州塔科馬（Tacoma, Washington）的房地產公司經理，事業相當成功，擁有「美國富裕生活的各種條件」：他有一輛新的帕卡德（Packard）豪華轎車、一幢房子、兩個孩子、一個老婆，還有一份生意不錯的工作。這位佛利克拉夫特沒有隱藏什麼罪惡的祕密或不可告人的壞念頭。事實上，他的生活可說是循規蹈矩，未來應該也會順利地繼續下去。但是有一天，他出去吃午飯之後就人間蒸發了，「就像張開手掌，拳頭就不見了一樣」，沒人知道什麼原因，也找不出任何桃色事件或金錢動機。

五年後，有個住在史波肯（Spokane）的人找上佛利太太，說曾在哪裡看到她失蹤的老公。佛利太太找了史貝德去調查，發現佛利克拉夫特以查爾斯．皮爾士（Charles Pierce）的假名過日子，如今已經是個成功的汽車經銷商，有一幢新房子，也建立新家庭。對於這些改變，佛利克拉夫特或說是皮爾士並未表現出明顯的不安或自責。他跟史貝德說，以前那個家庭其實很好。不但他很想對史貝德解釋到底發生什麼事，這些經過他從沒跟別人說過。

佛利克拉夫特說，他失蹤那天正要去吃午餐時，路過一塊建築工地，有一根鋼梁從八樓高掉下來，正好砸在他身邊，人行道上的水泥碎片四射噴濺，有一小塊甚至擦過他的臉頰，留下疤痕。佛利克拉夫特飽受虛驚，他「覺得好像有人把生活的蓋子掀開來，讓他看看裡頭是什麼樣子」。

佛利克拉夫特過去所創造的是一種「合理有序又負責任」的生活，但那根「掉落的鋼梁已經告訴他，生活裡頭根本沒有那些東西」。我們之所以活著，只是因為「盲目的厄運」饒過我們。在最初的驚嚇之後，他很不安地「發現他過去按部就班的理智安排，根本就跟生命本身不同調」。因此一吃完午餐之後，他就決定必須「針對這一瞥之下，對人生的新看法做出改變」。他的結論是：「既然一根掉落的鋼梁可以隨隨便便就結束他的生命，那麼他也想這麼一走了之，隨自己高興改變自己的生活。」所以他馬上搭船離開舊金山，四處遊蕩了好幾年。

史貝德最後說，佛利克拉夫特或皮爾士後來還是「回到西北部，在史波肯定居，也結了婚，還有一個孩子」。知道這些狀況以後，他的第一任老婆「也不想要他了」。所以他們兩位平靜地離婚，過去的一切也都過去了。佛利克拉夫特或皮爾士並不感到內疚或後悔，因為他認為自己這麼做完全合理。

然後史貝德在結尾說他最感興趣的是：「我想他大概也不知道自己又回到以前的日子，跟他離開的塔科馬完全一樣。不過這正是我覺得最好玩的地方。他因為鋼梁掉落而改變，但是鋼梁再也不掉下來以後，他又跟著再次改變。」[2]

我在看這則故事時，腦子裡馬上出現了兩個畫面。第一個是美國搖滾樂團「談話頭」（Talking Heads）主唱大衛・拜恩（David Byrne）揮舞雙手，質疑自己平凡無奇的郊區生活，他問自己：「我怎麼會變成現在這樣呢？」[3] 我們在一生之中的某個時候可能也都這麼想過。佛利克拉夫特碰上〈一生一次〉（*Once in a Lifetime*，談話頭一九八〇年的歌）的經驗，也讓他懷疑所有的一切。第二個畫面是在美國電影《雙面情人》（*Sliding Doors*）中由影星葛妮絲・派特洛（Gwyneth Paltrow）飾演的海倫・奎莉（Helen Quilley）在倫敦跑著趕搭火車。接下來很快就會看到有兩個不一樣的世界在她面前展開，而決定因素只是車廂門關上的時機不一樣而已。說到底，佛利克拉夫特和奎莉的人生，都由偶然的機遇所決定的。

佛利克拉夫特的故事至少包含了兩個教訓。第一個是**我們的生活其實是由機遇和偶然所主導的**。佛利克拉夫特發現，**生活根本不是什麼秩序，我們都要了解機遇和偶然才是根本的現實**。第二個教訓更是細緻微妙，也就是史貝德覺得最好玩的那個部分，雖然佛利克拉夫特努力「隨自己高興改變自己的生活」，卻還是回到過去那個樣子。換句話說，**與機遇和偶然同樣重要的，是我們好像也無法逃脫自己的模式**。拜恩在他的歌〈一生一次〉中，也反覆唱著一切「都跟以前一樣」。

像任何好看的偵探推理故事一樣，達許．漢密特這則小故事的重要線索就藏在大家的眼前。他挑選佛利克拉夫特和查爾斯．皮爾士這兩個名字，豐富了故事涵意，也跟金融聯繫了起來。對於金融來說，它的核心就是**理解我們生活中的風險和機遇，同時也是利用這個主導模式來維護自身利益的方法**。「佛利克拉夫特」現在雖然是個已經被遺忘的名字，但在平克頓（Pinkerton）事務所擔任調查員的漢密特也曾經為保險公司工作過，所以他大概知道，以前發表過精算分析、被人壽保險業中引為聖經的那個人，就叫做佛利克拉夫特。佛利克拉夫特是個統計奇才，他寫過好幾本書幫助當時才剛興起的保險業預測客戶壽命和死亡的機率。

漢密特選用的第二個名字查爾斯．皮爾士，也是來自一位幾乎被遺忘的傳奇人物：美國的查爾斯・山德斯・皮爾士（Charles Sanders Peirce，是的，漢密特把皮爾士的母音字母弄反了）。他：一、被稱之為實用主義哲學流派的創始人；二、數學家和邏輯學家，他的研究是二十世紀數學領域許多重要發展的前身；三、符號學研究的創始人（符號學研究），很多現代文學理論都以此為基礎；四、現代統計學的創始人，也是隨機實驗（randomized experiments）的發明者。

簡單地說，這位科學家、數學家、哲學家就是多才多藝又博學的大師，英國哲學家羅素（Bertrand Russell）說，他「肯定是美國最偉大的思想家」[4]；另一位歐洲哲學家卡爾・波普（Karl Popper）說，他是「有史以來最偉大的哲學家之一」[5]；還有一位美國小說家沃克・珀西（Walker Percy）認為，他比達爾文和佛洛依德還重要，因為他「為連貫的人類科學奠定基礎」[6]。所以什麼傑佛遜（Jefferson）、艾默生（Emerson）、詹姆士（James），尼布爾（Niebuhr）或杜威（Dewey）都不夠看，皮爾士才是真正的大咖！

而對皮爾士來說，萬事最後都會歸結到——保險。歷經跌宕起伏的一生，最後熱切轉向保險，他曾在一八六九年宣稱：「我們每個人都是一家保險公司。」[7]像這樣一位博學又深刻的思想家，怎麼會轉向大家可能都認為最平凡又無聊的主題——保險呢？因為保險這玩意兒是既不平凡又很有趣。皮爾士認為**保險才是了解人生的核心架構**。

皮爾士晚年一段奇特的轉折最能表現出他和保險的關係。由於身陷桃色風波，在當時已超過公眾可以接受的範圍，後來皮爾士慘遭學術界封殺。由於受到學術界有力人士，包括當時哈佛大學校長查爾斯・威廉・艾略特（Charles William Eliot）的譴責，皮爾士教職不保，使得他晚年貧困，總是想要賺點錢。他的哲學家朋友威廉・詹姆士（William James）一直幫他介紹賺外快的機會，並且一再建議皮爾士要多做些實用主義的演講，才讓他在這門學派維持創始人的地位。最後終於說服哈佛大學董事會不計前嫌，邀請皮爾士在一九〇三年做了六場演講。

他要舉辦系列演講的活動一公布後，馬上受到許多人的歡迎。但當皮爾士發表第一場演講時，詹姆士和他同事都嚇壞了，因為這場演講花了許多時間都在談機率和保險公司。更讓觀眾一頭霧水的是，皮爾士甚至運用微積分來推導保險公司的獲利條件，告訴他們要怎麼訂定保單的價格。當時那個時代，是連經濟學系都不會出現微積分的，更不用說是哲學系。

詹姆士對數學也從不熱衷，他對演講內容很是震驚，以為皮爾士八成是瘋了。他寫信給一位朋友說皮爾士已經變成一個「智力上瘋瘋癲癲的怪物」[8]，成為「落魄，幾乎可說是骯髒的老頭」[9]。結果這次的演講機會不但沒有為他帶來重返學術界的機會，提供穩定的經濟收入，反而招引更多排斥。皮爾士後來仍是被學術界封殺到底，在貧困中渡過餘生，於一九一三年去世。

皮爾士在保險中看到什麼呢？了解保險為什麼對人類生活那麼重要？漢密特為什麼故意選用佛利克拉夫特和皮爾士的名字，有意地援引保險概念呢？這個答案要從了解風險的本質和機率概念開始。

風險無所不在，但整體可預測

在我二十年的教學生涯中，我教過個體經濟學、金融、稅法、國際金融和創業等課程。一些危險的教學材料我大概都能勉強對付，不過我覺得機率一向是最困難。我在進行機率教學時，碰上兩次大失敗。

第一次是我提出一個簡單問題，像我有兩個小孩都是女兒的狀況，希望可以帶出機率的概念。但這個問題很快就變成針對經驗規律（empirical regularity）的討論，有很多國家的男孩出生率僅僅略高於女孩，但這規律性並不完全是因為某些文化中可能採用非常糟糕的手段來保留男孩、淘汰女孩。結果大家只是繞著性別比例、選擇性墮胎和殺嬰討論了二十分鐘，根本沒人學到什麼機率。

第二次失敗是我想介紹「蒙提霍爾」問題。這個是美國著名電視節目《讓我們做個交易吧》（*Let's Make a Deal*）的設計，先讓參賽來賓從三個罩著布幕的獎品中挑選一個。在這三件隱藏獎品中只有一件是名貴禮品，其餘兩件不值錢。等來賓選好布幕之後，主持人蒙提・霍爾（Monty Hall）會掀開另外兩個蓋著的布幕中不值錢獎品的那一個。然後他會問你，要不要拿你選的那一個交換最後那個還沒掀開的布幕。你應該放棄原先的選擇，改選另一個嗎？結果這個討論帶來的困惑比啟示還多（是的，沒錯，你應該交換。我保證），後來又整個偏離，大家都在討論怎麼讓生活中的悔恨減至最低。所以儘管向前走，放手一搏！把握今朝（carpe diem）！那堂金融課最後就變得好像電影《春風化雨》（*Dead Poets Society*）。

你要是跟我一樣苦於機率直覺，其實也不算什麼。人類的歷史長河中，大部分時間對於機率直覺一直是感到不可捉摸的。統計學者也一直覺得很奇怪，像機率這種無法迴避又無所不在的事，人類為什麼要花那麼久的時間才搞清楚，它原來是可以精確而嚴密地理解和分析。根據加拿大哲學家伊恩・哈克（Ian Hacking）的說法，這個啟示的最佳典範正是佛利克拉夫特的原型：查爾斯・皮爾士。而保險和現代金融的基礎，大部分就是建立在這個啟示之上。說到底，金融就是一**套理解風險和不確定因素應該如何處理的工具**。

機率直覺不可捉摸的本質尤其是個深奧的難題。以賭博來說，人類不但已經玩了幾千年，也沒有其他任何活動像賭博一樣充滿了機率和規律。所以人類賭了那麼久，怎麼沒提早發現機率這回事呢？現在來看一種賭博的現代遊戲，電視節目《命運輪盤》（*Wheel of Fortune*）。基本上這個遊戲是從猜字遊戲「吊人樹」（Hangman）變化而來，為了得到下一個正確字母，你必須轉動一個報酬金額會改變的輪盤。比方說，你知道要猜的謎底是「Carpe diem」（把握今朝），而且你現在累積獎金是一千美元，這時候你要決定是不是再轉一次輪盤才能回答那個「C」字母。到底要不要再轉一次輪盤呢？你現在已經知道謎底，但你要考慮的是沒轉到獎金而是「停轉一次」（Lose a Turn，即喪失一次搶答機會）或「破產」（Bankrupt，即累積獎金歸零）的機率到底有多高。要回答這個問題，你必須衡量轉到那幾個選項的機會有多大。這時候你所想的就是機率問題。

事實上，有兩個經典的機率問題在最後被破解之前，一直是幾個世紀以來的賭博大熱門。第一個是所謂的「點數分配問題」（problem of points），由兩位玩家各拿出一樣金額的賭資來玩擲銅板遊戲，獲勝者是首先擲出四次約定結果那一位，可能是銅板的正面或反面。銅板擲了三次，兩次正面、一次反面，此時遊戲被迫中斷，他們想要公平地區分獎金。這時候該怎麼分呢？顯然，原先選定正面的玩家應該多分一點，但應該多分多少呢？

另一個經典的賭博問題是賭輸就加倍的「馬鞅問題」（martingale problem）。馬鞅策略是說，有位賭客跟賭場玩擲銅板對賭，以十塊錢為賭注，賭客猜銅板正面，賭場猜反面。這個策略很簡單，就是銅板如果擲出反面，賭客就加倍下注再賭，一直賭到擲出銅板正面為止。銅板最後總會擲出正面，賭客贏了這一把就走，就一定可以賺到十塊錢。所以這顯然是個必勝策略！大家一定都用這個辦法！那麼為什麼大家不敢呢？你敢這樣下注嗎？要靠馬鞅策略取勝，你要敢一直加倍地賭下去，不管必須玩幾局。要是你中途喪失信心或財力不足，你就輸慘了。

其實好幾個世紀以來，賭徒就不斷地碰上這些問題的各種變形，只是無法利用清晰的邏輯來研究探討。為什麼呢？有一部分是因為一直到方便的數字系統和複雜文明出現之前，比方說希臘文明，人類沒有足夠的工具徹底分析這些難題。

但更大的問題在於美國媒體人梅夫．格里芬（Merv Griffin）製作電視遊戲節目傳遍全世界之前，原始的命運之輪早就主宰著人類的想像力。轉動人類命運之輪的當然不是節目主持人維娜．懷特（Vanna White），而是羅馬女神福圖娜（Fortuna）。這個輪盤決定人類的命運，並不是為了什麼字母，而是給人類帶來富庶豐腴或是貧瘠剝奪。從遠古時代到中世紀，這個輪子一直都是人類難以理解命運的表徵，顯示背後有神力在操控。事實上，在英國作家喬叟（Chaucer）和義大利作家但丁（Dante）筆下，許多英雄人物的破敗與死亡都靠命運之輪來解釋。如果命運是神的力量所決定，人類怎麼可能理解那些機遇和偶然的結果？

後來基督教的散播只是讓神力運作的概念更加根深柢固，讓人類覺得命運難以掌握。一直到了文藝復興時期，隨著理性主義興起，以及商業活動在全球各地活躍，人類希望理解風險承擔，才出現了突破。在商業活動為風險理解提供豐厚報酬，以及人類對於理解世界的能力更具信心的條件下，為解決這些問題提供了動力和誘因。過去以為是神力干預的結果，如今都已變成是一些可以分析探討的問題。

機率思考的關鍵突破來自兩位法國數學先驅帕斯卡（Blaise Pascal）和費馬（Pierre de Fermat）對於前述「點數分配問題」的通信討論。他們在一六五四年創造出理解問題的工具，藉由檢視不同結果而推導出遊戲中斷時這些賭注的期望值（expected value）。這兩個法國人的通信在之後的兩個半世紀，引發機率探索的快速發展。

值得注意的是，這些關於機率探討的基礎發展，卻又導致人類對機率理解的矯枉過正。長期以來，反映神力作用的宿命論又被一種新型的宿命論所取代，這次是發現所謂的「自然規律」。隨著統計學的發展，我們觀察到越來越多的現象都會出現鐘形常態分布。許多現象觀察發現，例如：人類的身高和能力，在經驗上會對應到鐘形分布，大多數觀察數據集中在平均值附近，而距離平均值越遠的現象則越少。

由英國博物學家高爾頓（Francis Galton）創造的梅花機（quincunx）正好表現出這些不凡的發現。你要是去過日本，不妨把它想成一種簡化的柏青哥遊戲機。那是利用小鋼珠在迷宮式的障礙物中撞擊反彈來獲取獎金的遊戲，聽起來很無聊，可是很容易讓人沉迷，真是不可思議。

梅花機就是一塊直立面板，四邊框圍，面板上釘著均勻分布的木釘，小鋼珠從面板頂端向下滾落，最後會滾進底部分成幾道的長條隔道。你可能以為這些鋼珠在板上木釘之間隨機地碰撞彈跳，最後滾到底部以後，每條隔道累積的鋼珠應該都差不多。

但其實跟許多隨機過程的結果一樣，梅花機最後的結果也是呈現出平滑的鐘形分布，小鋼珠也是集中在中心部位。因為這個規律常常在許多有趣的地方出現而且頗為常見，使得我們又以為所謂的機遇其實是假的，實際上還是遵循著某種不變的法則。

法國數學家拉普拉斯（Pierre-Simon Laplace）是當時的統計及機率研究先驅，他本人就是混亂失序的諷刺象徵：他發現許多可以研究分析隨機性質的工具，但最後卻相信決定論（determinism）。拉普拉斯那本著名的機率哲學隨筆，一開頭就說：「所有事件，即使是那些因為微不足道似乎無需符合自然規律的小事，也必定是跟日升日落一樣的結果。」[10]這樣的法則無所不在，統治世界的是它們，而不是機遇。

梅花機的創造者高爾頓也是統計學的先驅，對於鐘形曲線提出雄辯主張。高爾頓認為再也沒有什麼東西比這道代表「宇宙秩序的完美形式」[11]的曲線更令人驚豔，要是讓希臘人先發現的話必定奉若神明。在情有獨「鐘」的描述之後，他結論說：「它在最瘋狂的混亂中，以沉靜而完全的自謙統治著……這是無理性的最高法則。」[12]神意至此被自然規律取代。機遇的說法只是人類自以為是，只因為我們對它不夠了解。一旦我們弄懂法則，一切都會清清楚楚，秩序也將被創造出來。

雖然「常態」分布這個名詞據說就是皮爾士提出，他其實反對這套說法。當其他人以法則排除機遇時，皮爾士認為：「機遇本身就在每一種感官上湧現……這是絕對的……在所有智識認知上最為明顯。」[13]

皮爾士可以同時保留兩個看似矛盾的想法，機遇與隨機性無所不在（前一種類宿命論的看法，想想佛利克拉夫特），以及總體規律顯現的模式（後一種宿命論，也就是佛利克拉夫特所代表的皮爾士）。宇宙充滿了機遇，基本上就是隨機（隨機決定），但是模式可以幫助我們安然航行。

高爾頓雖然非常聰明也非常優秀，但他對法則的信仰致令誤入歧途。他後來成為優生學的始作俑者，這一派人相信強制消滅劣等人口可以提升人類的遺傳品質。這套邪說一度廣泛流傳，甚至在一九二七年的巴克控告貝爾訟訴案（Buck v. Bell），美國最高法院宣告維持州政府有權強制節育的原判，當時的法官何姆斯（Oliver Wendell Holmes）總結說：「白痴傳三代也就夠了。」高爾頓想的是要創造「秩序」，消滅人口中的偶然因素和所謂的「劣等人」。大家都知道，這套邪說後來在二十世紀引發大災難。

相較之下，皮爾士擁抱機遇與隨機，引導他走向……保險！事實上皮爾士對世界的理解是：**隨機無所不在，但總體而言是可預測的；而這正是保險和現代金融的基礎**。能在充滿不確定的世界中安然航行的工具，就是金融努力要提供的。**風險無所不在，這是不可否認也不該忽視或是就此屈服，而是應該管理。而保險就是我們管理生活中風險的主要方式**。

巴菲特也靠保險業建立事業版圖

我有許多學生投入金融領域，但往往是出於誤解。他們認為金融就是裡頭有投資人和銀行家，他們可能是想要在投資銀行工作，或是想成為所謂的另類資產經理人（例如：避險基金或私募基金）。要是有學生走進我的辦公室，說他感興趣的是比較少人選擇的路，諸如實體經濟中的企業金融，甚至更好的是想投入保險領域，我一定會覺得既高興又訝異。

以現在的大眾形象來說，投入保險業可真是非常不討喜的賭注，大家都以為保險業高層主管就是一副宅男的無聊呆樣，而且是靠著別人的不幸在賺錢，好像有點邪惡。可是過去並非如此，保險經理人也曾經是個英雄，例如：最偉大的黑色電影《雙重賠償》（*Double Indemnity*）中由佛萊德．麥克莫瑞（Fred MacMurray）和艾德華．羅賓森（Edward G. Robinson）扮演的角色。可是現在則是像喜劇片《今天暫時停止》（*Groundhog Day*）中叫賣一次付清壽險保單的奈德．萊爾森（Ned Ryerson），根本讓人記不住而且還有點討厭。

有時候我跟學生說現在最受尊敬的投資大師巴菲特（Warren Buffett）也是靠保險業建立龐大版圖時，他們也會感到動心。巴菲特就是靠著保險事業提供資金，把一家紡織公司轉型成投資工具。事實上，巴菲特的投資能耐就是他有辦法從保險公司找到非常便宜的資金。他知道保險業是多麼有趣。美國人的典範富蘭克林也是如此，美洲殖民地第一家火險公司就是他開的。所以當你聽到人家談到保險就翻白眼，可知道自己錯過了什麼？

就跟金融上的許多創新一樣，保險業務起源於旅行的風險，尤其是在海上。海上航程通常由貸款提供資金，萬一貨物沒抵達目的地，商人也就是借款人就要自己負起責任（搞不好要當奴隸抵債）。可是旅程都很危險，所以貸款會跟保險綁在一起，成為「船舶抵押契約」（contract of bottomry）。這就是一筆尋常的貸款，不過要是貨物被搶走或因暴風雨而沉沒，借款人也不必再還款了。但在這種契約條件下，放款人要求的利率就會比平常的貸款還高。透過這種方式，貨物因風暴或海盜而喪失的風險獲得分攤，而且也定出它的價格了。借款方因此更能承擔風險（萬一遇上颱風還要賣身為奴，你還敢借錢嗎），融資方則為風險承擔收取費用。

商務船運面臨的另一項大風險是船可能擱淺，這時候可能要拋棄貨物才能搶救整條船。「投棄規則」（rules of jettison）早在公元前一千年就已經出現，又稱為《羅德法》（*Lex Rhodia*），即由愛琴海的羅德島而得名。這條規定一直沿用至今日，現在稱為「共同海損」（general average）原則。其適法精神在一千多年前的《查士丁尼法典》（*Code of Justinian*）就說得很清楚：「《羅德法》規定，如果為減輕船舶負荷，貨物被丟棄海上，此舉既為全體利益而發，其損失亦當由所有人共同分擔。」[14] 要是船長被迫拋棄部分貨物，那麼獲得搶救的貨主應當要補償慘遭拋棄的貨主才公平。即使到了現在，海運船隻都會根據《約克－安特衛普法規》（*York-Antwerp Rules*）宣告共同海損原則，要求貨物持有人共同分擔海損。

共同海損原則就是集資分擔風險，這就是保險的本質。保險就是集合眾人之力，大家一起對抗風險。但這種共同分擔是經由海事法來強制執行，還不是自願簽訂的保險契約。那麼保險是在什麼時候演變成個人自願簽訂的呢？

對羅馬人來說，死後可能要面對的屈辱，是他們的莫大風險。為了防止這種結果，唯一的辦法就是要有一場體面的葬禮。但要怎麼保證自己的葬禮會被好好地舉辦呢？那就需要加入保險！羅馬時代的喪葬社團是一種自願參加的組織，在老兵中尤其常見，這些擁有類似信念和社會地位的人一起共同分擔喪葬費用，所以你就可以保證自己有個體面的葬禮……所以死掉以後照樣可以獲得拯救。

事實上，「保證」（assurance）一詞（我在前一段就用了兩次）就把保險和拯救聯繫在一起，因為它在不同領域就意味著這兩件事。它既是保險的同義詞，在基督教義中也代表著拯救之路。獲得拯救就是最終的保險理賠，也是另一個機率難題的解答。機率研究的先驅者帕斯卡曾提出著名的「帕斯卡賭注」（Pascal's Wager）進行論證，他說聖恩展現的機率就算很小，信仰上帝還是值得的。帕斯卡很切實地問說：「不信神可是要永遠下地獄，難道真的值得冒這個險嗎？」

羅馬喪葬社團以組織形態運作保險的精神，一直延續到上個世紀之交，有一些自願組成的兄弟會組織也提供成員保險服務。我們可以來看看「祕密共濟會會員獨立會」（Independent Order of Odd Fellows，ＩＯＯＦ）這個奇怪的組織。是的，它的原文名字就有「怪傢伙」（odd fellows）的稱呼，可能是指這個組織的成員都在做些「奇怪」的生意。在上個世紀之交，這個兄弟會組織在北美有將近兩百萬的成員，設立了一萬六千個分會，是失能保險（disability insurance）的主要提供者，為工業時代工作場所越來越危險的工人提供收入損失的保險理賠。

合力對抗風險是人類的自然欲望，因為對大多數人來說單一個人難以承擔這些風險，比方說我要是不能工作賺錢，一家老小要怎麼辦呢。保險的重要也可以從它取代的某些事物得到證明。有幾位學者指出，在保險業務興起後，民眾告發巫術的案件就減少了。歷史學家麥法蘭（Alan Macfarlane）指出：「懲罰巫婆不只是為了她過去犯的罪……也被視為矯正怪力亂神的先決條件和防止未來災難的保險。」[15]另一位歷史學家戴維斯（Owen Davies）則表示，保險興起「不但減輕不幸災禍的範圍和影響，更把不幸的經驗看做是福利機制的失敗」[16]。所以過去如果是指責你的鄰居是女巫，然後把她淹死的話，現在頂多是抱怨保險公司為什麼拒絕理賠，這樣其實也蠻好的。

年金問題，引爆法國大革命？

如果保險可以滿足人類這樣的基本需求，糾集眾人之力來對抗風險，這裡頭還有一個非常大的問題：每個人該付多少錢呢？應該是像喪葬社團或祕密共濟會會員獨立會那樣繳交會費嗎？事實證明，這個問題很難解決，這時候又要靠梅花機和常態分布來幫助我們。雖然世界是隨機運作的本質，讓我們無法精確預測到每一個人最後會怎樣，但我們卻可以預測總體結果，因為這種常態分布既可靠又普遍存在。事實上，保險業的學理根據即在於此。利用各種人口平均數的歷史經驗，我們可以估計出各種狀況的發生概率，精算保單價格，而這些就是皮爾士在哈佛系列講座所說的。

但只利用統計方法還是忽略了一個重要問題：當你賣出保險契約時，對於那個買下保單的人還是一無所知。這個後果可能很嚴重。事實上，這對法國大革命的爆發起了舉足輕重的作用。法王路易十六和財政大臣正是忽略這個問題，算錯保險價格，結果付出慘痛代價。

法王政府的重大錯誤，是關於針對擔心活太久的人所提供的保險。活太久？我們現在看到活太久也必須要保險，可能會覺得很奇怪。但在長久的人類歷史上，大家比較擔心的其實不是死太早而是活太久。要是沒在年輕的時候死去，如果太過長壽，儲蓄坐吃山空，最後可能在窮苦潦倒中受盡折磨才死去。你想想皮爾士下場如何。這個風險，也就是長壽風險，可以透過現有財富的「年金化」來解決。年金契約是先一次投資一大筆錢，然後由保險公司在你有生之年每年固定支付一定金額給你。這是擔保你有生之年都能有固定收入的好方法。

事實上，這種年金契約是十八世紀關鍵期主導英國和法國國家財政的主要因素。當時對於人民的出生與死亡都已開始有紀錄，所以這樣的年金契約也得以啟動。事實上，早期發現的常態曲線，都跟死亡率的表現有關。要是我們知道不同年齡層的平均死亡率，就可以確定年金要怎麼定價才對。依據他們的預期壽命，每個年齡層都應該要有不同的年金費率。

但英法兩國在整個十八世紀幾乎都在打仗，都必須為龐大戰費傷腦筋，其中包括開支浩繁的七年戰爭（Seven Years' War）。事實上，這兩國的軍備競賽，使得軍事冒險的財政需求不斷上升。而早在十八世紀之前，兩國都曾因為財政破產而出現政府賴債不還的各種惡劣紀錄。但英國以光榮革命（Glorious Revolution）改革，創造一套公共財政制度，確保財政支出由稅收資助，制定出預算平衡制度的早期雛型。

相較之下，法國財政還是亂糟糟的迷糊仗，越來越依靠向民眾提供年金來吸引資金。由於戰費需求孔急，法王政府決定向不同年齡層的國民提供畫一的年金，參加者不管是年紀只有五歲還是八十歲，只要活著就能領到一樣金額的年金。法王政府認為既然大家都對年金契約有興趣，那麼平均起來，支付每個人一樣金額的年金制度應該也是可行的。

這個歷史故事正好又為我們提供了一個殘酷例子，顯示保險是如此複雜：「逆向選擇（adverse selection）。」你可以猜猜看，誰會來購買政府的年金契約，為法王提供資金呢？絲毫不出意料的是，老年人不會來買，年輕人倒是趨之若鶩，這對法王政府而言，正是日後最沉重的年金負擔。

法王這套年金制度隨後更是被玩得花樣百出。有幾個瑞士銀行家大概算是金融設計師為世界帶來大破壞最早的例子，他們找來一群祖先特別健康的五歲女孩，為她們向法國政府購買年金契約。然後又把這些年金投資組合轉售給其他投資人，這可能算是最早的投資證券化的例子。一直到法國大革命爆發之際，這些年金契約就是法王政府主要的資金來源，而大多數受益人都在十五歲以下。

這些年金負擔帶來財政危機，使得法國政府無力償還其他由公眾廣泛持有的債務，結果民眾的失望又回過頭來引爆法國大革命。後來的法國財政大臣檢討一七九〇年代的年金契約後，嚴厲譴責前政府的愚蠢和不公平。對那些看透玩法的人來說，例如：那些瑞士銀行家，這套辦法簡直是送上免費大禮。讓人意外的，這樣的年金契約還有一個一直保留到現在，而且可以傳子傳孫。一七三八年發行的「朱頂雀年金」（Linotte rente），到現在法國政府還為它撥付每年一·二〇歐元的年金預算，這可說是我們仍然活在法國大革命所創造出來的世界的一個證明啊。

就算法國政府針對不同年齡實施不一樣的年金費率，反向選擇的問題還是無法解決。只有那些知道自己足夠健康，會活得比預期壽命還長的人才會來購買年金，而那些知道自己家族歷史，認為自己可能早早死去的人根本不會來投資。事實上，美國經濟學家芬克爾斯坦（Amy Finkelstein）和波特巴（James Poterba）都已經指出，英國的大型年金市場也出現同樣趨勢：購買年金的人活得比不買的人久。這表示要對年金公平定價，就必須先預測這種逆向選擇的狀況影響有多大。這可真是不容易啊。

逆向選擇的問題——無法確定被保險者符合期待——只是保險所面對的兩大難題之一。弊病叢生的十八世紀法國財政計畫也為第二個問題提供例子。

為了刺激公眾買氣，法王政府允許個人組成團體來購買年金，如此一來，隨著其中成員的死亡，倖存者拿到的年金也會逐漸增加。對政府來說，除非團體契約中所有成員都死光了，否則每年還是要支付那一筆固定的支出，而且隨著成員的減少，倖存者每年都會獲得越來越多的份額。等到其他成員都過世之後，撐到最後那一個當然每年都可以得到一筆很大的款子。這套方法叫做「聯合養老保險」。

事實上，這是一種添加誘因的年金，要是你能活得夠久，就可以把別人的錢搶到手。這對政府也不是沒有好處，要預測團體最後一人死亡，比預測一般人平均什麼時候死亡更容易。一直到上個世紀之交，美國和歐洲還有許多類似通天契約的聯合年金。紐約證券交易所最早的位置就在通天咖啡館（Tontine Coffee House）的外頭，那間房子就是透過通天契約籌資興建的。研究學者指出，二十世紀初，美國有效的通天契約據估高達九百萬份，相當於全國財富的八％。

那麼這種通天契約會有什麼問題嗎？要是你的保單理賠是根據其他人的死亡率來支付，你會有什麼反應？關於這其中的道理啊，就要看看美國卡通《辛普森家庭》（*The Simpsons*）囉！看辛普森通常滿多啟發的。如果你是核電廠老闆那個大壞蛋，一定會想要幹掉所有聯合保險的成員，連霸子辛普森的老爺爺也不放過。

《辛普森家庭》的劇情是個好例子，說明保險本身就能創造出改變當事人行為的誘因，這就是所謂的「道德風險」（moral hazard）。當然這個例子也不是頂完美，因為被保險人通常是因為加保才變危險，而不是因為保了險想殺死別人，不過這也讓你知道可能會有這種想法。各種保險和安全網可能導致更多人的冒險行徑，因此保險公司在定價時就把這種行為反應納入考量。對此描述得更深入的，你可以參考經典的黑色電影《雙重賠償》，其中芭芭拉．史坦威（Barbara Stanwyck）飾演的角色就是表現出嚴重的道德風險。

既然逆向選擇和道德風險不容忽視，處理這些風險的最佳機制何在？由政府規定強制加保或雇主負擔員工保險，就是在排除只吸引有利可圖的人進來鑽漏洞的狀況。同樣地，自付額的規定也可以讓保戶不會因為自己已經加保，就恣意濫用健保資源。不過針對道德風險和逆向選擇的影響，哪種組織最適合籌集眾資匯整風險呢？它不會是自由加入的會員制，所以不會產生逆向選擇，而且大家都能彼此嚴密監視，確保道德風險不會損害整體權益。

結果，就是「家庭」。家人不是你可以選擇的，這就排除了逆向選擇。而且家庭提供的親密關係，確保成員不會因為保險就改變行為。其實幾千年來，家庭一直都是我們最重要的保險資源。現在有許多研究都已證實，小家庭和大家庭都為成員提供了各種保險，這個狀況尤以發展中國家為然。你看看金融危機之後家庭組成的變化，就是個明顯的例子。在金融崩潰後，我們常常看到許多人會因為經濟衰退景氣太差而搬回去跟父母住在一起。美國大詩人佛洛斯特早就說了：「家，就是當你不得不回去時，也必定接納你的地方。」

但這並不是說家庭是提供保險的理想機制，因為集合眾人之力的好處也會受到組織大小所限制，而且家庭本身其實也很複雜。從國家提供養老金、退休金後，獨居老人即迅速增加的狀況來看，就可看出家庭並不一定是提供保險的最佳手段。美國內戰時北方的聯邦軍退伍軍人，就是美國最早獲得優渥養老金的人。美國經濟學家柯絲塔（Dora Costa）的研究指出，和當時的一般人口相比，這些老兵有更高比例不與自己的子女住在一起，這顯示以家庭做為保險並不盡符合所有人的利益。養老金為老年人的生活創造出選擇，很多人就認為靠政府的養老金比靠家人提供年金好。有時候，不住在一起的確是讓關係更親近。

每個人應該把自己當成保險公司

為什麼了解風險無所不在和保險本質，可以讓我們更了解世界呢？要回答這個問題，我們又要回來談談皮爾士。皮爾士既能覷透機遇和偶然，又能接納常態分布的規律，如此博學多才的菁英分子為什麼最後說，我們每一個人都應該把自己當做是一家保險公司呢？

皮爾士認為，如果「機遇本身就在每一種感官上湧現」[17]，那麼自然而然，「人類所有的事情都是依賴機率，不論何處不管何事，狀況都是一樣的」[18]。皮爾士帶來的第一個教訓其實只是接納隨機而已。對皮爾士來說，接納隨機導致他最重要的一個發現。他在一場實驗中使用一副撲克牌，來確保受測者是被隨機指定，因此實驗結果不會出現偏頗也更加可信。

這就是科學試驗中第一個隨機化的實例，如今已經成為知識探求的金規玉律。對於無所不在的風險，皮爾士了解對它不能否認，只能接納，才讓成為一套強而有力的方法，真正做為探求智慧的基礎。

一旦你能接納隨機性，才能了解這個世界，找出能夠指導行為的模式。因此我們才會把機率當作是理解世界的唯一途徑，世界上沒有什麼事情是完全可以確定的，我們必須從機率的角度去接近這個世界。如果我們想要了解事物的可能性、想了解世界如何運作，唯一的辦法就只是透過經驗來弄清楚那些事物的發生概率，就像是一家保險公司一樣。保險公司對人口性質了解越多，對各式各樣的可能性就了解越多，它的事業也就會越成功。這就是為什麼我們其實都是一家保險公司，經驗正是了解我們該如何發展的重要方法。

皮爾士對於保險的強調，也是他實用主義哲學的自然延伸。實用主義的務實思想，正好是陷溺在自我空想的相反；實用主義認為，真理必須能夠喚起行動才有價值，而行動必須是能夠證實真理才顯珍貴。皮爾士說到經驗時，常常談到一個統計名詞「採樣」（sampling）。在宇宙所呈現的萬事萬項中，只有透過採樣，我們才能發現有價值的事物。我們必須盡可能地去經驗這個世界，就跟一家保險公司一樣，才能做出正確的決策，根據正確的機率來了解世界。真的要把握今朝啊！

最後，皮爾士在邏輯上把經驗的重要性推展到極致。如果我們自己的經驗是理解世界最重要的根據，我們又該如何了解其他人呢？皮爾士一段精采的論述，從馬軼策略加倍投注談到無止無境的人類視野，從保險公司保單定價話鋒一轉又說到人類的美好生活，而這些基本上都源自於人類必死的宿命：

死亡的命數來自我們的風險、推論和有限的生命，但它們的平均值並不能確定。正是假設這個數字是無限大，才需要機率和推理的概念。所以我們是碰上跟以前一樣的困難，不過我看到只有一個解答……邏輯無情地要求我們的利益不應受到限制。我們不能停留在自己的命運，而是要去擁抱整個社會。這個社會也是一樣的，不應該受到限制，而是要擴展到人類所有族群，在智識上一起產生直接或間接的關係。不管多麼模糊，都應該要超越這個時代、超越所有界限……邏輯就是根據社會原則而來。人不該自私，才符合邏輯。[19]

如果我們自己的經驗必定有其限制，就需要融合別人的經驗與幸福才能理解這個世界。針對社會達爾文主義的思想提出反駁，皮爾士認為保險和採樣的邏輯無可爭辯地導向「慈悲、信仰和希望，那著名的三重唱，聖保羅認為那是最好也最偉大的精神禮物」[20]。我們必須接納他人來了解這個世界，這樣才能蒐集經驗。對皮爾士來說，保險教導我們必須擁有經驗和同理心，才是在這個世界對抗混亂的關鍵方法。

在異常中認知常態，在混亂世界中對抗混亂

美國藝術評論家謝爾達（Peter Schjeldahl）曾說，「美國二十世紀大詩人」[21]史蒂文斯不太瞧得起哲學這玩意。他在一九四四年寫過一篇散文力捧詩歌，而把哲學海削頓，有位朋友就罵他是沒讀過好的哲學家著作，史蒂文斯回：「現在的哲學家都太過學院派，」[22]但特別指出有個例外，「我對皮爾士倒是一直很好奇」（但他也把皮爾士寫錯成「Pierce」）。還有幾位批評家都注意到皮爾士和史蒂文斯在思想上有深層關係，這也是因為史蒂文斯甚至比皮爾士還推崇保險的重要性。雖然史蒂文斯的文學事業極為成功，不必為了生活另外張羅餬口，但他一直在一家保險公司擔任經理。

史蒂文斯婉拒哈佛大學諾頓講座教授職位的邀請，反而是幾乎整天待在哈特福意外事故

賠償公司（Hartford Accident and Indemnity Company），盤算那些保險理賠是該按章支付或是抗告拒絕。他的同儕詩人貝里曼（John Berryman）在史蒂文斯死後的追憶文章中還嘲笑他是「保險精算師中的……有趣富翁」[23]。那麼史蒂文斯又在保險裡頭看到什麼呢？正如我們之前說過的，保險是透過模式估算價值，來理解人類混亂的經驗，把這些估算匯集起來成為一套機制，讓我們可以管理這種混亂。對於史蒂文斯來說，詩歌也是為了解決這個世界的混亂。

史蒂文斯在詩集《秩序的觀念》（*Ideas of Order*）序言中，把這部詩集界定為「純粹的詩」是為了表達「面對既有觀念之不存，個人對於普遍秩序感的依賴」[24]。除了二十世紀前三分之一的暴烈發展（第一次世界大戰和經濟大蕭條）以外，史蒂文斯對於大自然和人類心靈上的混亂也非常敏感。

在詩作《基韋斯特的秩序觀念》（*The Idea of Order at Key West*）中，史蒂文斯在最後以深切渴望喊道：「啊，秩序的福祐激情！」為史蒂文斯立傳的作家馬里亞尼（Paul Mariani）說，這是為了找到「一種對抗令人更恐懼的、侵蝕我們內心的混亂……吶喊一種可以支撐我們的虛構（fiction）。」[25]史蒂文斯在那首詩把「大海黑色的語音」、「水與風的無端奔騰」和一位在「大海精靈之上歌唱」的歌手做對比，暗示藝術，也就是虛構創作、音樂和詩才是亂世浮生的唯一途徑。

詩對史蒂文斯至關重要，因為它展現出想像力如何幫助我們理解周遭的混亂。史蒂文斯在他的文章〈想像的價值〉（*Imagination as Value*）中極力駁斥帕斯卡所謂的「想像力是人欺瞞使詐的那一部分，是詐偽舛誤的情婦」[26]，主張「想像是唯一的天才」，而且是「現實的唯一線索」。[27]想像力為何這麼重要？史蒂文斯認為：「想像是心靈控制事物可能性的力量，」[28]是「讓我們在異常中感知正常、在混亂中對立混亂的力量。」[29]史蒂文斯這些話聽起來，幾乎就像是最早發現常態分布的那些人。

在異常中認知常態，正是保險建立其上的基礎，也幫助我們在混亂世界中對抗混亂。皮爾士也了解到，在處理機遇和混亂時，想像力和科學、理性主義一樣強大。相對於帕斯卡的超理性主義，皮爾士跟史蒂文斯一樣看到想像的價值，並得出結論說：「詩人或小說家的作品與科學家的研究並不是完全不同。」[30]

皮爾士和史蒂文斯還有漢密特在佛利克拉大特故事所說的生活根本問題，都是在面對無序和混亂時必須去了解而非否定，是要去與它共存。對皮爾士而言，保險就成為說明這種狀況的中心隱喻，主張透過經驗、實用主義和同理心來處理。對於一生都在談判保險理賠，而不只是奉獻於詩藝的史蒂文斯來說，**想像是管理無所不在的混亂，在混亂中尋找、看到事物**

隱藏秩序的核心工具。莫怪乎史蒂文斯的結論是：「詩和保險索賠其實也不像外表看起來那麼南轅北轍。」[30]

第 2 章

風險事業：選擇和分散，管理工作和婚姻

如果亂七八糟的法國財政計畫像《辛普森家庭》的劇情一樣荒誕好笑，英國以前為政府融資的金融工具又是怎樣呢？其實那些債券在十九世紀英國文學中還真的常常出現。珍．奧斯汀的《傲慢與偏見》開頭膾炙人口的第一句說：「擁有一大筆財富的單身漢，一定都想討個老婆，這是全世界都知道的事吧！」[1]要看他擁有多少財富，才夠資格娶太太，因為大家都指望金龜婿的財富每年帶來收益和伴隨而來的安全感。這些收益通常就是投資英國政府債券的報酬，當時叫做「三趴（%）」、「五趴」。這種沒有期限的債券（又稱金邊債券）並不會因為誰死掉就停止，而是永遠有效，可以讓後代子孫歲月靜好，世世安穩。

年收益創造出來的婚姻資格，正是十九世紀英國文學常常描述的風險管理的關鍵，這是女性在婚姻市場必須面對的問題。在眾多追求者、眾多風險之中仔細衡量財務安全的機會，在種種得失損益間反覆思量，截長補短，就是這些英國小說的女主角和家人念茲在茲的大事。在一場可能是有史以來最讓人尷尬的求婚中，柯林斯（Collins）先生追求《傲慢與偏見》的女主角伊麗莎白．班奈特（Lizzy Bennet），憑他死皮賴臉、無可救藥的自戀還想博得美人歡心。雖然伊麗莎白幾次拒絕，柯林斯先生還是胡攪蠻纏不肯死心。柯林斯先生不讚美討好對方，反倒是揭開伊麗莎白面對的風險，並說她一定要接受他的求婚。

柯林斯先生一再吹噓自己的魅力，歸納說：「請妳再仔細想想，雖然妳有許多吸引人的地方，也無法肯定還會有人上門求婚。很不幸地，妳就是因為嫁妝太少，再可愛、再有種種優點大概也無濟於事。所以我不得不認為，妳拒絕我只是在玩假的。欲迎還拒只是想讓我更愛妳吧！這也是好妹子常常玩的把戲。」[2]

簡單地說就是：趕快答應我，妳知道自己最後可能什麼都撈不到，尤其是妳自己手上也沒多少錢。當然，伊麗莎白，妳不會那麼傻吧？她媽媽警告說：「妳要是像這樣，一時興起就拒絕每一個上門的婚姻，那妳永遠也找不到老公。等妳爸爸死了以後，我不知道還有誰會養妳，我肯定是辦不到的，所以我警告妳。」[3]伊麗莎白的妹妹瑪麗也警告說，女人在婚姻市場中風險奇大，因為「踏錯一步就萬劫不復」[4]。但在爭取到她爸爸的支持後，伊麗莎白就輕輕鬆鬆地拒絕柯林斯先生。她想繼續擲骰子賭下去。

結果才過一天，柯林斯先生就用相同的理由說服伊麗莎白的好朋友夏洛特・盧卡斯（Charlotte Lucas），她是比較討厭冒險的人。對於柯林斯的現實作風，夏洛特似乎適應得很好，而她自己的心得也是說：「婚姻幸不幸福完全是看機遇」[5]，什麼你情我愛、心靈契合在尋找合適伴侶並不管用。最後夏洛特的結論是：「妳知道我這個人並不浪漫，我從來都不是。我只想要有個舒適的家；考慮到柯林斯先生的個性、人脈和生活狀況，我相信一般人結婚後能得到的幸福，我也有機會得到。」[6]總而言之，就她對於財務風險的厭惡，也衡量過這段婚姻中的風險和報酬後，她認定這是一樁好買賣。同樣是面對婚姻市場的風險，夏洛特選擇安全離場不想繼續冒險，而伊麗莎白選擇繼續冒險，盼望有個羅漫蒂克的好結果。

伊麗莎白和夏洛特找老公的風險管理問題，就跟我們在許多狀況下必須衡量優劣斟酌取捨一樣。繼續讀書受教育，「值得」嗎？花錢讀書的回報，是否可以補償專業教育和負債的風險？把自己的人力資本投入剛創設的新公司值得嗎？它會不會在十二個月之內倒閉？你應該繼續尋找完美的工作，還是接受眼前的報價？這些問題都是在考量風險和報酬，在面對不確定未來所提供的諸多選擇時，考慮自己的時間、精力和資源要怎麼分配才好。這個分配問題正是金融和財務的核心。

我們之前已經看到，**保險是管理死亡、壽命或自然災害等風險的有力工具**。不過我們在勞動市場或婚姻市場上面對的風險又該怎麼辦呢？這些風險並沒有人承作保險業務。所幸金融也已經採取保險的邏輯，為我們創造出兩個最重要的風險管理工具：選擇（options）和分散（diversification）。這些風險管理策略看似深奧且無關，但早在現代金融正式採用之前，英國小說家特洛勒普在《菲尼斯．芬恩》中的角色紫蘭．愛芬罕就已經直覺地採取這兩個辦法，做為婚姻市場風險管理問題的深切指導。這兩個工具在知識界也有個共同的祖先，一位不太有名的法國數學家，他解決了一位英國植物學家提出的問題，卻從來沒有獲得他應有的尊崇。

模仿科學，反而迷失方向的金融學

你看到陽光照耀下的灰塵，要是曾經想過它們是怎麼飄過去的，大概就能體會一八二七年英國植物學家布朗（Robert Brown）的心情。他看到花粉顆粒在水面擴散的移動方向好像是隨機的。為什麼那些花粉會動？而且是這樣移動的呢？後來發現煤灰顆粒也一樣這麼動，並不只是花粉才如此。

傳統上認為之後的知識發展史是這樣的：在那個神奇的一九〇五年，愛因斯坦做出四個驚人突破，首先揭開所謂的「布朗運動」（Brownian motion）的機制。他說那些移動過程（諸如灰塵或花粉的運動）看似連續，其實是許多不同的分子移動所組成。換句話說，那些花粉粒子連續移動的方式，實際上是隨機碰撞水分子而出現的反應。這個證明原子存在而改變物理學的基本概念，同時也提供一套方法，用數學來描述任何隨機過程，最後產生了量子力學。

永遠仰慕崇高、嚴謹物理學的金融和經濟學也採用這些發現，開始模仿物理科學，卻反而是窮途末路的開始。利用物理學和量子力學來描述社會現象的本質，以精確和模型套用在人類現實，金融最後迷失了自己的方向。有些人對於金融起源的既定說法不太滿意，這樣的敘述可能是方便取用，可是這整套知識發展史根本就是假的。事實上，早在愛因斯坦之前五年，巴黎一位博士生路易・巴瑟里爾（Louis Bachelier）就搶先出手把問題解決了。他不是研究粒子運動，而是研究股價波動，導出數學式來描述各種運動方式，其中就包括布朗觀察到的花粉粒子運動。他是怎麼辦到的呢？他發現這個問題也可以援用梅花機造成的神奇分布，但他注意的不是鋼珠最後集中在哪兒，而是那些珠子在梅花機裡頭碰撞移動就好像大量分子的運動過程。更棒的是，他搜集的股價波動資料非常適合用數學來描述。可是在當時運用股市資料可謂不入法眼，所以巴瑟里爾雖然搶先取得突破，卻從未獲得應有的認可。事實上，那時候有幾個知名數學家錯誤地宣稱他的演算有誤，使得巴瑟里爾只能在法國學術界當邊緣人苦苦掙扎，最後默默無聞地死去。

所以認為研究市場與社會固有現象的金融學，因為模仿精確的「正統」科學而迷失方向，其實是個錯誤的說法。情況剛好相反，正如哲學家兼歷史學家吉姆・霍特（Jim Holt）所說的：「其實是這樣才對。先是提出一套理論來解釋一個神祕的社會機構（巴黎證券交易所），然後用它來解決物理學裡頭的中級奧祕（布朗運動），最後又揭開更深奧的物理學神祕（量子行為）。這意思很簡單：是透過市場的怪異現象來解釋量子的奇怪現象，而不是反過來。你可以這麼去想：如果牛頓不是坐在蘋果樹下而是在高盛工作，海森堡的『不確定性原理』很可能就是他發現的。」[7]

除了傳統智慧的有趣逆轉之外，巴瑟里爾的故事也說明了風險管理最重要的兩個策略：選擇和分散。巴瑟里爾得以用數學描述股價走勢為「隨機散步」（random walks）的能力，讓他也可以粗略估算當時在巴黎交易的選擇權，這種金融合約最早是在十七世紀的阿姆斯特丹開始交易。一九九七年，美國兩位經濟學家舒爾斯（Myron Scholes）和默頓（Robert Merton），他們以選擇權定價公式贏得諾貝爾經濟學獎，這套理論就是來自巴瑟里爾早已被遺忘的貢獻（當然也是經過大幅修正和改善）。而巴瑟里爾的描述股價隨機波動的能力，最終也使得投資組合理論的精緻化，也就是既然我們不可能打敗大盤，那麼最好的辦法就是分散投資。

上一章，我嘲笑法國財政史可能也不是很好。跟英國比起來，法王的財政計畫的確是既不可靠又不實際。但我們還是要感謝巴黎金融市場為現代人理解風險管理提供寶貴見解。就算是發明了更穩定財政制度的英國人好像也不否認這一點，你看英國皇家徽章上頭有句格言就是古法語：「Honi soit qui mal y pense」，意思是：「心懷邪念者蒙羞」。

選擇權組合，讓損失有限，利益無窮

像伊麗莎白．班奈特等女性角色碰到的風險管理問題，《菲尼斯．芬恩》的紫蘭．愛芬罕就應付得非常好。當她因為某個追求者而考慮到自己擔負的風險時，她說：「如果是小孩或男人的話，就不必顧慮這麼多。他們可以隨心所欲，日後還能幡然悔悟；他們想墮落就墮落，你還可以讓他們浪子回頭。但女人只能自己小心注意囉。」[8] 紫蘭清楚地表明，女性必須更加謹慎地管理她們的風險，因為一失足就成千古恨，後果超嚴重。幸運地，紫蘭知道怎麼管理這種風險。

紫蘭不鄙視那種只是傻等「真命天子」的想法：「我自己大概是不會像那些女孩們所說的談戀愛吧。我可以去喜歡哪個男人，真的，我喜歡的男人搞不好有六個……但要說到愛上他們其中的哪一個，想嫁給他、想把他完全占為己有，像那種事我就不知道有什麼意思了。」[9] 那麼紫蘭為什麼又要結婚呢？對紫蘭來說，這一切都很簡單。她只是在正確時間，從幾個不同的選擇裡頭做出決定：「等我下定決心以後，就選擇第一個過來的……其實挑老公跟買房子、買馬也都差不多。你買房子不是因為它是全世界最好的房子才買下來的吧，而是因為在那個時間點上你想要有一間房子。你去看房子，要是覺得那裡很髒的話，就不會買它。但你要是覺得那裡還不錯，而且你也不想再繼續找，那你就會把它買下來。我們買馬也是這樣啊，所以找老公也是如此。」[10]

對於紫蘭來說，如果只是想要浪漫地找到「那個人」，這個策略對婚姻實在是太危險。相反地，是在她已經做好準備，確保有一組對象可供選擇，才是恰當的策略。而她所做的就是累積眾多追求者，在她決定要結婚時選擇嫁給奇爾登爵士（Lord Chiltern）。

以金融術語來說，這等於是設定一組選擇權組合，然後在適當時機選擇投資某一種資產。選擇權組合讓你可以靜心等待，看這些資產如何發展，等你準備好以後再去投資，這比你早早就決定投資某個項目或者只是傻傻等待最後那個「合適」的資產出現來得好。

金融界人士喜愛選擇權是著眼於它所代表的自由和機會，而且他們也以類似方式來建構自己大部分的生活。例如：他們透過接受教育來增加「選擇的價值」，因為學歷越高、人脈越廣，就代表他們日後的選擇越多。但究竟是有什麼選項，以及如何利用呢？希臘哲學之父、十七世紀荷蘭金融市場以及聯邦快遞（Federal Express）創業家是理解這個問題的絕佳指導。

紫蘭深知自我認識乃是嫻熟運用選擇的前提，這在歷史上也是有根據的。米利都的泰勒斯（Thales of Miletus）被公認為希臘哲學之父，這可是連亞里斯多德本人都點頭同意，據說「認識你自己」這句話最早就是他說的，而且也是第一個發明選擇權交易的人。泰勒斯是被譽為「古希臘七大賢人」中唯一的哲學家，他是第一個以自然而非超自然來解釋世間萬象的思想家，提倡建立假設來進行思考，甚至曾運用最簡陋的觀測工具來預測太陽日蝕。

雖然有這些驚人的成就，泰勒斯還是有需要證明自己能耐的時候。據亞里斯多德所言，泰勒斯因為太窮了導致大家「嘲笑哲學沒用處」[11]。為了糾正這種印象，泰勒斯決定利用他預測橄欖豐收的能力來賺點錢。「他拿出一小筆錢，先在米利都和希俄斯（Chios）所有榨油坊支付訂金。這時候的租金非常低，因為沒人跟他競爭。等到收成季節來到，榨油坊需求突然暴增，他就能以自己滿意的條件釋出，因此賺了一大筆錢。」[12]亞里斯多德從這個故事獲得的啟示，反映出世界各地哲學家和學者的書呆子潔癖：「哲學家如果想發財也很容易，只是他們並不關心這件事。」[13]

泰勒斯的交易如何反映出選擇權的本質呢？泰勒斯先付「訂金」確保日後租用榨油機的權利，但這不是義務。這筆交易就是選擇權交易的本質：先付一筆小額訂金來確保日後進行交易的權利，但並不強制要求履約，讓交易者在狀況不明的情況下先取得日後調用資源的權利。比方說，股票選擇權就是讓你先付一點訂金，取得日後以議定價格購買股票的權利。

現在被視為金融工程（financial engineering）深奧表現的選擇權，其實跟其他金融交易工具一樣古老。金融交易工具在十七世紀末阿姆斯特丹開始真正發展時，選擇權即是主要工具。德拉維加在《混亂中的混亂》中強調選擇權的重要性。書中哲學家對股民說，他對金融市場雖然也很有興趣，但擔心自己太窮而玩不起，因為沒人會「因為我留了鬍子就借錢給我」[14]。股民叫他不必擔心，並介紹一種工具「opsies」給他：「對你風險有限，但獲利可能超過你的想像和希望。」[15]在詳細說明如何購買荷蘭東印度公司股票的買權（calls）和賣權（puts），德拉維加說這些工具既是「行情順利時快樂航行的風帆，也是遭遇風暴時安全的定錨」[16]。

藉由購買權利而非資產本身，選擇權創造出一種不對稱性質，既可供投機（行情順利時的快樂航行）[17]也能管理風險（風暴時的安全定錨）[18]。因為選擇權是一種權利而非義務，所以行情下跌時你就不會買進該項資產，但價格要是上漲時你還是可以把握機會；如此特性讓它成為強大的投機工具。況且要是擁有買進和賣出的權利，表示在行情不佳時還保有一些最低收益，這就像是一張有效的保單。你可以想想買烤麵包機時的保固條款。萬一商品故障有瑕疵，你有權把它賣回給製造廠商，以保障自己的利益。

金融界所喜歡的，有一部分就是選擇權這種收益不對稱的特質：損失有限，但利益無窮。而那些可以創造出選擇的經驗，例如：教育之所以珍貴就是因為報酬的不對稱所致。有明確的損失額度，但上檔空間無限制，誰知道這樣的可能性會有什麼結果？早在一六八八年，德拉維加就特別強調選擇的優點，他說，「opsies」這個字是來自拉丁文的「optio，意思是選擇」，接著又溯源到「optare，意思是希望」。事實上，「祈願語氣」（optative mood）原本就是希臘文的語法，表達願望的意涵，只是現在已失傳。買下選擇權就等於對結果許願，讓我們想像可能發生什麼事、出現什麼結果。美國文學家艾默生（Ralph Waldo Emerson）以「祈願」來形容美國，正表現出選擇和探索可能性之間的關係：選擇正是我們在想像自己想要的結果。

選擇權最明顯的特質就在於它的不對稱性，當風險變大時也就特別有價值。因為你的損失不會再擴大，但報酬卻可能很多，最後的結果越是極端反而越好。換句話說，這種等同於保險的選擇權，在生活變得更加不確定時，其價值反而越高。

這個意思是說，你要是握有選擇權，你就更敢冒險。因此握有選擇權的好處，也就是它能承擔風險。當你突然意識到自己擁有選擇時，這一點尤其明顯。全球物流業跨國大公司聯邦快遞剛創業時的故事，很能表現出選擇和風險承擔之間的這種關係。公司剛成立的時候，執行長史密斯（Fred Smith）一直在努力地說服供應商、投資者和客戶，強調快遞產業的優勢。某個星期五公司狀況突然危急起來，有家燃料供應商因為一筆二萬四千美元的帳款還沒收到，威脅要切斷聯邦快遞的燃料供應，這可能會讓這家年輕的企業關門大吉。當時史密斯在銀行只有五千美元。他要怎麼辦呢？

身為公司老闆的史密斯了解到，今天要是破產了，那他什麼都沒有，但要是能夠再撐一天，他就有可能勝利。這聽起來就像個選擇權，損失有限但獲利無限的報酬不對稱。那麼如果擁有一個選擇，現在你要幹麼呢？就是要尋找變動和風險的機會。這要上哪兒才找得到呢？聯邦快遞之所以延續到今日，就是因為史密斯後來去賭城拉斯維加斯玩二十一點（blackjack），把五千美元變成三萬二千美元。談到此一決策的風險時，史密斯直白地回答：「這有什麼差別啊？要是沒錢付給燃料公司，我們（的飛機）也一樣飛不起來啊。」[19]在擁有選擇時，史密斯很自然地押寶承擔更大風險；贏了就能贏很大，萬一輸了反正公司也是要倒閉。企業老闆只有在公司快要破產的時候才會放手一搏，不然他們只是承擔虧損和獲利而已。

當然，這裡頭還有一些有趣的道德倫理問題。史密斯跑去拉斯維加斯賭博，就等於是偷走供應商的錢，因為他的賭本正是積欠供應商的款子。但他也是在回應這個此時此地才會有的動機；破產邊緣的老闆都會有的動機。已經快要滅頂的企業老闆都會有的選擇：反正都要完蛋了，幹麼不放手一搏！所以去拉斯維加斯賭一下有什麼不行？

這段小插曲告訴我們，在你的組合中創造及擁有選擇，會讓你勇於承擔更大風險。所以金融人才喜歡選擇權，認為這種不對稱的賭注可以更加滋潤生活，富貴險中求！獲得選擇可以幫助我們評估目前超出能力的多種結果，使我們更敢承擔風險，而且還能在你跌倒失利時提供保護。

選擇成為習慣，反而更難抉擇

金融人士非常喜愛選擇，對其價值總是牢記在心。他們執迷於「選擇性」（optionality），熱衷創造和保護選擇的機會。我的學生常說要用迂迴方式抵達專業目的地就是個例子，他們都想創造選擇的價值，萬一在狀況對己不利時有所選擇。對這些學生來說，獲取選擇已經成為習慣，因此最後要決定選擇反而變得很困難（因為一旦做出決定就沒得選）。

有些學生原本是想投入創業，或者想要朝著社會或政治目標邁進，但最後卻留在企業界，可能是顧問公司或投資銀行，這種狀況我其實也不太驚訝。他們最後常常對自己說：「為什麼不多留一年，好創造更多選擇呢？」結果這個應該帶來更多冒險的工具，最後反而阻止他們繼續挑戰未來。

任何承諾都要克服選項關閉造成的選擇價值的損失，所以各式各樣的承諾都會帶來額外的負擔，讓做下承諾變得如此困難。金融界人士要是把結婚看做是選擇的死亡，其實也不太少見。這裡頭的意思是說，結婚會讓人失去某些東西，也就是未來的選擇，而不是什麼新事物的開始。所以光注意創造選擇、保留選擇的機會，很可能反而無法做出選擇。或者是說，大多數無法做出決定的人常常會對選擇性太過執著，以保留選擇機會來掩飾自己的無能。

所以有兩篇金融背景的小說都以這種無法做出選擇的問題做為象徵題材，也就沒什麼好驚訝的囉。美國小說家梅爾維爾（Herman Melville）的〈抄寫員巴托比〉（*Bartleby, Scrivener*）通常被譽為美國小說的偉大作品之一，但它的副標題「一則華爾街的故事」卻常常被忽略。在這篇短短的故事中，一位華爾街律師描述他跟一位職員一起工作的困惑。對那些熟悉華爾街辛苦工作的金融分析師或法律人士，這篇故事必定是心有戚戚焉，深刻有感。

捷克小說家卡夫卡（Franz Kafka）本身就是保險公司的文書職員，對於金融界的工作，就算是他恐怕也無法想像出一個更加黯淡的畫面。不過這也是一則「欠缺行動」的故事，對生活的選擇不置可否、不做決斷的下場。

在開頭幾天的勤勞工作後，巴托比變得非常奇怪，後來敘述者對他提出某個工作要求，為我們帶來一段美國文學史上最神祕的對話。有一天律師說要檢查巴托比的工作時，他只是回答說：「最好不要。」[20] 問他是不是回答「不要」時，他還是說：「最好不要。」他既不拒絕，也不接受，只是簡單地說「最好不要」。

後來有人發現巴托比偷偷住在辦公室裡頭，叫他趕快搬出去，他還是回答：「最好不要」。最後反而是律師的辦公室搬走，好擺脫巴托比這個大麻煩，等到新住戶到來，要求巴托比趕快搬走時，他又嚷著：「最好什麼都不要變。」最後他因為流浪街頭被送進監獄，律師為他張羅飯食免於挨餓，但巴托比還是「最好不要」地不吃。故事結尾是巴托比在獄中逐漸衰竭，最後律師發現他的屍體。

關於巴托比那句「最好不要」到底是什麼意思，已經有許多討論。有些評論家認為巴托比是典型的消極抵抗，算是現在「占領抗議」的原型。也有人認為巴托比其實是梅爾維爾自己感受到的鬱結和苦悶，因為他一直無法獲得讀者的熱烈回應。但是我覺得最有共鳴的解讀是說，巴托比既不說要也不說不要，他喜歡的其實是潛在結果帶來的那種展望，而不是真實的選項。我們在某些時候都可能這樣，因為諸多結果的前景是如此誘人，反而讓我們無法做出決斷，寧可活在一個充滿可能性的世界裡頭。巴托比也是如此，相對於現實他更喜愛可能性，寧可保有選擇的機會也不願實際做出決斷和選擇。

在梅爾維爾（Herman Melville）出版《廣播故事集》（*The Piazza Tales*）發表〈抄寫員巴托比〉剛好一百年後，美國小說家索爾．貝婁（Saul Bellow）發表一篇小說《抓住這一天》（*Seize the Day*），說的也是一個猶豫不決的主角。在這個中篇小說中，湯米．威廉（Tommy Wilhelm）是個不想長大的男人，那一天他在紐約四處晃蕩，後悔自己追求演藝生涯不成功，跟他父親要錢要不到，他老婆追著他要孩子的撫養費，最後又輕信一個投資騙子說豬油和黑麥是最穩當的投資，連最後一點積蓄都賠光。那個騙子貪金博士（Dr. Tamkin）跟現在的馬多夫（Madoff）差不多，用些心理學術語把投資講得天花亂墜，連湯米都知道那些建議根本就是錯的。但就算湯米知道這是個騙局，他還是無法拒絕。

湯米知道自己這一生都是因為無法做出選擇才陷入困境，而倉促做出選擇的過程其實正因為自己遲遲不做選擇。「歷經掙扎忐忑後做出決定，他（湯米）把錢交給他（貪金）。務實判斷已然停擺，他已經累壞了，決定就是不做決定。這是怎麼回事啊……因為威廉這些錯都是自找的，他的婚姻也是如此。他的生活就是靠這樣的決定才變成這樣。」[21]湯米總結說：「他的一輩子就是十個這樣的決定。」[22]就完了。他認為自己混亂的生活，是因為不做決定的決定「才變成這樣」，因為自己思前想後、猶豫不定，無法做出選擇。

威廉祈求上帝指引，讓他不再優柔寡斷，引領他做出更好的選擇。「讓我擺脫思慮，讓我做些對自己更好的事情。對於自己浪費掉的這些時間，我覺得好可惜。讓我加速離開，進入不同的人生。我已經完全糊塗了。」[23]這個中篇小說的結尾是湯米剛好碰上某個陌生人的葬禮，他徹底崩潰了。因為滿滿的悔恨和悲傷，他幾乎全身癱瘓站不起來。「那痛苦和悲傷的鬱結堵在喉嚨向上湧，他全然放棄，掩臉痛哭。哭得撕心裂肺。」[24]這個破碎的人無法做出選擇，懇求神的幫助。

巴托比和威廉都是已經壞掉的人，都是似乎無法做出選擇的被動角色。但他們還是有所不同。梅爾維爾的故事是不行動而無法做出選擇；貝婁的故事則更逼近現實：你要是不做決定，這個世界就會為你做決定，你會發現自己隨波逐流，無法主導自己的人生。後面那種情況就是我看到許多學生面對誘惑的結果，他們太過依賴選擇的邏輯來選擇自己的主修科目、研究所和未來的老闆。這些學生很快就會跟大多數人一樣，不自覺地做出很多選擇，卻不曉得自己到底選擇了什麼。

把分散風險運用在時間和經驗

在談到年輕女性面對的風險時，紫蘭．愛芬罕依靠直覺採用金融界管理風險的方法。當奇爾登夫人說她兒子奇爾登爵士真的愛紫蘭時，紫蘭無視這個條件反而回答說：「愛我的人可能有十個。」[25]，可是這也無濟於事，紫蘭要考慮最佳解決方案，因為「我也不能嫁給他們十個人」。要是她可以嫁給他們十個人，那她的風險的確是會降低。這其中有人可能會是好丈夫，有些則不是。這是說如果可以分散風險的話，但這個選擇是不可分割的。

這種「分散」的邏輯就是投資組合理論的基礎，也是金融界中唯一真正的「免費午餐」。做為風險管理策略，這套理念可說是歷史悠久。跟保險一樣，最古早的例子是古代的航海運輸，貨物會分散在幾條船和不同航線上，以期降低海上風險。中世紀英格蘭農民的最大風險，就是收成集中於同一塊田地。因此中世紀英格蘭著名的「開放農地」（open field）制度就是避免收成過度集中的風險管理辦法。農奴耕種的田地分散在主人莊園之中，不是連成一大片，而是距離遙遠且面積狹小。這種方式很沒效率啊，因為運輸成本必定會增加，但是不同農地上種植不同作物，分散產出，卻能大幅降低農民的風險。

以分散來規避風險的做法從古至今一直都有，甚至在某些看似不可能的場景中都有。美劇《火線重案組》（*The Wire*）毒販集團巴克斯戴爾（Barksdale Organization）的軍師斯丁格．貝爾（Stringer Bell）也是採用分散來管理風險。他跟警察玩貓捉老鼠的遊戲時，最重要的就是溝通管道不會被循線查獲，所以他用預付卡手機來聯絡，用完即丟。而且貝爾不是只靠這一招，他的預付卡手機是分散在許多店家購入，不會因為大量買進而惹人注目，店員不會記得這個客人，況且他還準備了許多張手機ＳＩＭ卡。所以遭到警方偵測和監控的嚴重風險，就是靠分散來規避。

斯丁格的野心可不只是販毒，他還想把生意從販毒擴展到房地產和爭取聯邦標案，其最終目標可說是有一部分已經實現了，他要尋找的是「遊戲之外的遊戲」。但是最後這個犯罪集團還是遭到警方鏟除，巴克斯戴爾的小弟們雖然在買預付卡手機時都很謹慎，知道要多跑幾家商店來分散風險，可是幫他租車時可忘了這條金規玉律。因為每次都向同一家公司租車，警方就是從這裡找到突破缺口，最後才整垮貝爾。所以你可以看到，從中世紀歐洲農業到現代毒販的技術，分散都是管理風險的有力途徑。

就像選擇可以視為保險的一種方法，分散和保險的道理也是一樣的。保險就是集合眾人之力來分擔風險，根據大量人口的規律性質，以神奇的常態分布來為風險定價。而分散是把自己的資源分開配置，投入諸如不同的航線、農地、手機或在不同的店租車。為了同時掌握不同狀況的結果，你必須把手上資源分散投置。

分散的道理對於大家最寶貴的資源——你的時間和經驗——尤其適用。史蒂芬．柯瑞（Stephen Curry）可說是現今最偉大的籃球運動員；他是只玩籃球，把所有精力都擺在籃球上頭，才達到今天的成就嗎？跟現在流行的運動培育觀念剛好相反，業餘愛好者和潛力十足、成績可期的年輕運動員，專家並不推薦單押一寶。柯瑞也不是只玩籃球。

他小時候並不是把所有的時間都耗在籃球場上，還會去玩棒球、美式足球、田徑運動、高爾夫和足球。分散經驗的優點也是有科學根據的，從事多種運動反而會減少運動傷害，而且透過不同運動也可以增強不同的運動技能。文科教育的道理也沒有多大差異，不要太早專注於單一科目，而是廣泛接觸不同學科，培養多樣化的智識能力，不但可以提供不同觀點，也有助於終身學習。

就金融觀點而言，分散不但可以避險，資產分散配置本身就是很有好處。不過這個道理實際上並不是很好懂，所以有很多思想家都沒搞清楚，在現代投資組合理論出現之前，即使是經濟學大師凱因斯（John Maynard Keynes）都說：「正確的投資方法，是把大額資金投置在你有所了解，且對其管理經營有信心的企業。以為分散投資一些自己了解不多、對其經營也沒特別有信心的眾多企業就能降低風險，這種想法是錯的。」[26]不過幾千年來，很多人靠直覺就懂得分散的道理；基督教的〈傳道書〉（*Ecclesiastes*）說：「投入七個冒險，或是八個；你不知道會有什麼災難」。而猶太經典《塔木德》（*Talmud*）中伊薩克（R. Isaac）建議：「財富一定要分成三分：土地三分之一、商品三分之一，還有三分之一隨時可以拿到手。」

金融的重要觀念是說，這些宗教經典推薦的資產分散不但可以降低風險，而且可以保障報酬。既能保障報酬不變又能降低風險，還有比這個更好的嗎？投資不同資產，它們各自會有不同的表現，而我們就能透過它們的互動獲得利益。事實上，那些跟你現有資產表現完全不同的東西才是最好的資產，把它們納入投資組合即可降低風險並保障報酬。至於表現跟現有資產一樣的東西，就分散而言是沒有多大用處的。

分散的優點也適用於我們的日常生活。有個好朋友談起他的人生課題，就像在談投資組合的問題一樣，他問我說：「就時間方面，我知道陪孩子最重要。但要是把所有時間都拿去陪孩子，他們受不了，我也受不了。為什麼會這樣呢？」金融的說法是這樣的：我們的經驗和人際關係應該多樣分散，它們不會互相排斥，而是彼此豐富。同時扮演一個好朋友和好同事，並不會減損你做為好爸媽的努力，反而會因此而受益。

事實上，最能豐富生活的關係是在我們原有的經驗之外，可以拓展人生視野的關係；以金融術語來說，這樣的關係叫做「不完全相關」（imperfectly correlated）的資產，正是最能強化人生投資組合的資產。同樣道理，只是躲在同溫層取暖互舔，跟一些認同自己、環境一樣的人擠在一起抱啜可一點都不酷。不過連凱因斯都難以直覺地領會分散的好處，人際組合上的分散也常常和我們的本能背道而馳。渴求同溫層，希望自己周圍都是想法一致的朋友，是一種常見的社交本能，但這正是金融觀點警告我們要小心提防的狀況。跟想法相近的朋友在一起是比較容易，但金融建議我們要努力向不同的人展現自我，不是躲開他們。

你的人脈資產價值是高還是低？

從分散投資的基本邏輯最後導出的，叫做「資本資產定價模型」（capital asset pricing model）。雖然光看名字讓人不知到底是何方神聖，不過我發現這套模型在金融之外的人生百態中也很有用處。這套模型的重點就是說，因為分散很有好處，所以我們都要分散投資，而每項投資都要根據它在投資組合中的相似或相異程度來衡量。簡單地說，任何一項投資的風險都不該孤立來衡量，而是要放進整個投資組合裡頭，看它在投資組合中的表現和貢獻來衡量。

所以這套模型又可以歸結成一個重點：那些跟投資組合波動相近的資產稱之為「高β值」（high-beta）資產，而因為它們跟整個投資組合比較類似，所以就分散的觀點而言其價值也就不高。事實上，這種資產會讓你在市場上暴露更多風險，一旦行情下滑，它們也會跌得很慘。這些高β值資產之所以沒價值，就是因為我們期待它們可以提供高報酬。因為它們沒有分散的價值，就必須要有高報酬才行。金融邏輯最難捉摸的這一點是說：如果你想要資產提供高報酬，必定要透過降低價格來實現。特定現金流的低價會創造出高報酬，這是為了補償那些高β值股票伴隨的高風險。

像雅虎（Yahoo）、CCO控股公司（Clear Channel Outdoor Holdings）或拉瑪廣告公司（Lamar Advertising）這樣的股票就是個例子。這些企業都是靠販售線上廣告或戶外廣告來賺錢，而根據「Google財經」網站（Google Finance）的資料顯示，這些股票的β值都超過一・五倍。一・五倍的β值是什麼意思呢？就是當大盤上漲一〇%時，這些股票會漲一五%，萬一大盤下跌一〇%時它們會下跌一五%。為什麼會這樣呢？因為大家都知道，經濟衰退時大家都會先縮減廣告預算，而一旦景氣復甦大家也會先忙著打廣告！所以廣告業務的波動就會比經濟景氣本身更加明顯。因為這些股票在投資組合表現欠佳時，它們的表現更糟糕（所以它們是高 β 值股票），因此它需要有更高報酬來做為補償，這也就代表這樣的資產沒有多大價值。

相較之下，「低 β 值」資產雖然也會跟著投資組合一起波動，但幅度不會那麼大，所以它們不必要產生高報酬，因為原本價格就比較高。你可能已猜想得到，「β 值」表示資產和投資組合的相關性。在另一個極端上，「負 β 值」資產的波動方向則會跟整個投資組合相反：當投資組合表現良好時，這些負 β 值資產的表現不佳；當投資組合表現欠佳，這些股票又會非常好。就分散的觀點來看，這樣的資產非常有價值。其高價值就來自你對它們預期的低報酬；也就是說，由於它們就像是個有用的保險，所以不必再給你什麼直接的報酬。事實上，這種資產預期報酬可能根本就是負數，因為你的投資組合陷入災難的時候，它們的表現會非常好，所以你也不期待它們平時會有多好的成績。而這樣的概念，就是保險。能夠提供保險的資產非常有價值，因為它會在其他資產表現欠佳時給予補償，所以你會願意為它們付出高價。而那些在投資組合面對危險反而擴大風險的資產，本身不會有太多價值，因此就需要高報酬來彌補它的高風險。

黃金就是 β 值非常低甚至是負 β 值的好例子。我雖然不知道大家是為了什麼理由買黃金，但有一套說法是這樣的：當紙幣變成廢紙，我們都陷進像「瘋狂麥斯」（Mad Max）那樣的地獄，你真的需要黃金。因為黃金可以帶來保險，所以你願意忍受它的低報酬甚至負報酬。即使在「瘋狂麥斯」的狀況下，黃金的用處好像也是幻想居多，但只要有夠多的人認為它是個保險，會在情勢不穩時搶進黃金，它的表現就會像個負 β 值的資產。

這套邏輯還有一個更極端的例子，就是我們對於人壽保險的預期報酬。就算我是在精算指定的日期死掉，那張人壽保單的預期報酬還是負的，因為這麼多年來一直在繳保費，而且那個理賠的算法本身就會是個負報酬，但這些都沒關係，因為我看重的是這個：當我的家人正需要的時候，保單會付一筆錢給他們。

那麼生活中高 β 值、低 β 值和負 β 值的資產會是誰呢？那些社群網站「領英」（LinkedIn）的朋友和你工作時的熟人可能就是高 β 值資產，這些人脈大多是有目的、有利害關係；換句話說，這些人在你做得很好的時候會在你身邊繞，但萬一你倒楣的時候可能也跑得一個都找不到。因此這些人的價值不會太高，但不是因為他們不會帶來巨大利益，而是會讓你面對的風險更加嚴重，不會提供多少的保險。當你跪下來的時候，這些資產幫不了你。

低 β 值資產就很有價值囉，不管你發生什麼事，他們都會是堅定的朋友。事實上，這種友誼的分類和亞里斯多德在《尼各馬科倫理學》（*Nicomachean Ethics*）說得差不多。

亞里斯多德說最低級的友誼是利益之交，是「喜愛彼此的用處」，也就是我們說的高

β值，那種朋友「不是喜愛彼此，而是喜愛彼此可以獲得的好處」[27]。這樣的友誼當然輕薄脆弱的，當「彼方不再令人愉悅或有用，此方就不會再愛他」。當你成功的時候，這些高β值的朋友就會出現，萬一你跌倒落魄時，他們就會消失，因為你對他們來說已經沒什麼價值。比較高級的友誼是低β值的朋友，這些善良的人基於彼此的德行與好感，不是根據什麼資格，只希望彼此和善相處。

但亞里斯多德的最高禮讚保留給無條件的愛，也就是我們生命中的負β值資產。當你在最困難的時候，這些人必定在那兒守護你。當你衝太快飛得太高時，他們會想辦法拉著你。亞里斯多德注意到「大多數人似乎……都希望自己被愛而不是去愛誰」[28]，然後他以媽媽愛孩子的狀況做比較：「因為付出愛而喜悅」，「儘管孩子的無知，不會給予回報，她們還是愛著孩子」。這聽起來就像是我們願意忍受負β值資產的負報酬。當我們無條件地愛上我們的負β值資產，我們一再地付出卻不期待回報，也就是預期負報酬。

分散投資、資本資產定價模型和β值概念可以跟亞里斯多德的友誼分類相提並論，是因為投資組合要解決的問題也都是一樣的。在金融層面，我們努力想要搞清楚的是資產應該怎麼投資才對，在風險和報酬的進退消長上找到最佳衡量。而在生活方面，我們也是想要搞清楚面對那麼多的人時，自己的時間和精力應該怎麼分配才對。而金融問題如同人生問題，還有一個原因：這兩個狀況下都隱含著一套保險的邏輯。把這兩方面併起來看，讓我想到幾個問題：我為所愛的親人朋友提供保險了嗎？在他們最需要我的時候，我有站在他們身邊嗎？在我的人生投資組合中，我是否對那些高 β 值資產投入太多時間，而沒有意識到那些其實是相對沒價值的關係嗎？我是否恰如其分地珍惜人生中的負 β 值資產？

確保押下重注，創造價值

伊麗莎白．班奈特的故事之所以歷久不衰，是因為我們都希望像她那樣明智地管理風險問題。柯林斯先生和她媽媽試圖喚起她對風險的厭惡感，讓她因為害怕而選擇第一個對象（柯林斯先生），不要等待她的真愛（達西先生），但是她不為所動。但是當她的真愛達西第一次求婚時，她也沒答應，因為達西那時候似乎太過自負，還沒完全奉獻給她。而她一直在等待，等到自己準備充分。她堅定守護自己和姊妹的關係，並觀察達西和她家人的互動，並不執著其一而忽視其他，知道這些關係必定能夠互相豐富彼此。對於達西一些品行、舉止上的差異，她抱持著欣賞的態度，而不是疑神疑鬼地懷疑。

最後她了解到達西並不是要損害她們姊妹的利益，其實是個可靠的盟友。她到達西家拜訪是個重要的轉折點，她從他家的員工知道達西品性慷慨、性格堅定，並不是她擔心的高β值資產，投機取巧的自大傲慢鬼。在詳細調查過風險與回報之後，伊麗莎白獲得了第二次機會，當達西再次提出選擇時，她這次就不再猶豫了。她沒有因為喪失選擇而三心兩意，而堅定出手做下決定。她應該是已經了解到，風險管理本身並不是一個目標，而是一套確保我們可以押下重注，真正創造出價值的策略。

第 3 章

價值：

如何創造，又該怎麼衡量？

當我們想到自己有什麼才能、應該如何善用時，大概都不會覺得自己的財富也是才能。我們說到才能時，是指自己本身相關的特質，而不是價值的計算。才能是讓我們展現獨特的天賦稟性，日積月累下可以據以發展出某些能力。不過現代人覺得金錢和才能也頗有關係，因為善用自身才能即可獲取財富。

但是從西方語言的語源學來說，「talent」（才能）這個字本來就跟金錢大有關係。「talent」這個字最早是重量單位（約二十七公斤），但很快就變成貨幣單位（後文稱「塔倫」），指的是相同重量的錢幣價值。一塔倫到底等於現在的多少錢，學者對此莫衷一是，估算價值從現在的一千美元到五十萬美元不等。現在大家比較熟悉的貨幣單位，例如：謝克爾（shekel）和德拉克馬（drachma），其實都只是塔倫的一小部分。那麼這個金錢單位是在什麼時候、什麼狀況下變成天賦與能力的意思呢？

等一下我們就會看到，把塔倫比喻為才能，《聖經》扮演了非常重要的角色。我們經常聽到金融人員談到價值創造與破壞時，會說誰獲得「超額報酬」（α）或只是得到「風險報酬」（β），這些術語也可以從這個寓言一窺究竟。

價值創造和另一個金融概念密切相關：資產價值評估（valuation of assets）。我們怎麼知道某項資產價值多少？想要買房屋、股票或汽車的人，不管是公開或私底下盤算，一定都自己做過估價。這個資產「值得」我付出的金額或價格嗎？更廣泛地說，任何時間或資源的投資都需要評估它的價值。應該繼續求學，追求更高的學歷資格嗎？小孩放學後要不要送去補習數學？這些問題都是現在付出一點犧牲（例如：繳學費）以爭取日後的利益（你女兒搞不好在二〇四〇年獲得國際數學聯盟的菲爾茲大獎），所以都需要價值評估。評估過程跟企業收購一樣，例如：之前微軟公司（Microsoft）以二百六十二億美元收購社群網站領英。

正如塔倫與才能的比喻反映出價值來源的金融概念，資產價值評估也能對我們人生中真正的價值有所啟發。不過這些比喻對於價值創造與評估的邏輯都運用得非常精確。我們會看到，這些精確的比喻主要來自兩個人，英國詩人彌爾頓和字典專家詹森，他們對於這個比喻的運用都會讓我們更了解價值如何創造。

不急功近利，放長線釣大魚

在〈馬太福音〉裡頭，耶穌談到「審判日」時用了幾個比喻，其中就包括塔倫與才能。有個主人要外出旅行，就把自己的財產交給三個僕人保管。那些財產總共八塔倫，主人「按照他們各自的能力」，分別託付他們五塔倫、二塔倫和一塔倫的財產。當他從外地回來後，發現前兩個僕人做買賣把財產翻倍，分別變成十塔倫和四塔倫。這個主人，一般解讀為上帝，很高興地對那兩個人說：「做得很好，善良和忠心的僕人。你們都很忠誠……進來享受主人的喜悅。」這兩個僕人可以保留這些塔倫，並且進入上帝的國度。但第三個只保管一塔倫的僕人對上帝說：「我很害怕，就把你的一塔倫埋在地裡。這就是你原有的。」然後還他一塔倫。

上帝不高興地說：「你應該把我的錢投資錢莊，等我回來後應該連本帶利收回來。」於是上帝就懲罰他，把那個窮僕人的一塔倫拿走，交給那個已經擁有十塔倫的僕人，並解釋說：「因為凡有的，還要加給他，叫他有餘；沒有的，連他所有的也要奪過來。」然後上帝的最後懲罰是：「把那個沒價值的僕人丟到外頭的黑暗，令人咬牙哭泣的地方。」最貧窮的僕人要被剝奪才能（塔倫），還要被趕出上帝的國度。好可怕啊！

雖然這個比喻我還是有些地方不太確定，但主要意思大概是很清楚的：每個人都被賦予了才能和天賦，也不是每個人都一樣多，但它們非常有價值，而且最重要的是要充分運用。我們都是這些天賦才能的管家，一定要善加利用。等到有一天，我們都要為自己的天賦負起責任，如果只是膽怯畏懼，剝奪自身才能，那都是有罪的。這一點似乎跟我們先前討論的風險也有密切關係：儘管人生必定面對風險，我們還是要管理風險、追求保障。

這個《聖經》故事和金融有什麼關係？金融的重大問題是價值是如何創造出來的，又該怎麼衡量？尤其是說，當我們認為某些企業的價值隨著時間而增加，這是因為大家認定它們一直在創造價值。

對於價值從何而來，金融的答案很簡單：託付於你的資本是需要代價的，因為把它交給你的人期待有所回報。事實上，他們期待的回報和我們之前討的風險，彼此間帶有一種函數關係，而風險是由你對市場波動的反應來衡量（還記得β值）。他們期待的報酬就是你運用資本的成本。你是他們資本的管理者，而創造價值的先決條件是：如果你想創造價值，就必須創造出比他們期待及資本成本更多的價值。

這個道理說起來挺殘酷的。如果你只是符合投資人的期望，那麼你還是沒有創造出任何價值。比方說，金主把錢交給你，期待一百元可以賺一一％。要是你一年後還給他們一百一十元，除此之外一毛也沒有，那麼你只是做到他們的期待，其他什麼都沒有。你這叫白忙了一場。

只有創造出，比方說一五％，才叫做是創造價值，因為你賺到的已經超過他們的期待。你可以這麼想：你開了一家餐廳，賣的餐點價格剛好等於食材和勞力成本。這可不是什麼讓人太高興的事情，因為這證明你運用自己投入的成本並沒有創造出任何價值。對於資本而言也是同樣道理，雖然資本的成本往往不是那麼一眼可見。

這套說法甚至還有更苛刻的。要是你獲得的報酬低於投資人的預期，就等於你其實是破壞了價值。也就是說，你一開始就不該拿人家的錢來做生意，這樣說不定還更好。你也許覺得，我起碼賺了八％，表現也算是不錯啊。但事實上他們要是原本預期應該賺一〇％，你就是破壞了價值。早知道是這樣就不必多此一舉。

價值創造的邏輯導致兩個必然結果：你要是只有一兩年超越投資者人的期望，那也不太妙。你如果能管理資本很多年，而且年年都超越他們的期待，才是真正的創造價值；同樣地，你要是能維持很高的報酬率，讓你的資金繼續成長，吸引他們繼續投資，又比你只是賺到他們期待的報酬還要好，因為你很厲害，完全超乎他們的預期。

我們以兩種狀況做比較來說明。這兩種情況都是投資人預期報酬一〇％，但你賺了二〇％，所以都是超過他們的期待。但第一種狀況是，你連續五年賺二〇％，但只把四分之一的利潤進行再投資，其他的都還給投資人。第二種狀況是，你這樣做了二十五年，而且把所有利潤都進行再投資。這兩種狀況下的價值創造有什麼差別呢？第一種狀況是你為資本創造出五〇％的價值，而第二種則是你為他們的投資創造出九〇〇％的價值。

簡單地說，金融創造價值的簡單方法是：一、超越金主的預期報酬；二、超越預期的時間越長越好；還有第三、力求資金成長，你才能繼續創造超越資金成本的高報酬。這就是創造價值的重要訣竅。

我們會注意到這套邏輯和那個才能比喻至少有兩個相似之處。首先，在此二者，我們都是別人的資源管理者。管理必定要承擔義務，這正是金融的核心：我們管理別人託付的資金，就像僕人必須照顧上帝的塔倫（才能）。巴布．狄倫（Bob Dylan）的經典福音歌曲說，每個人都「必須服侍某人」（Gotta Serve Somebody）。我們都像是個管家一樣，置身於茫茫人海之中，每一個人都要負責照顧自己的資源。第二、管家要承擔別人的高度期待，因此也有很大的風險，其結果可能很優很讚（創造高報酬／獲得解救），也可能很糟很爛（破壞價值／只好下地獄）。潛伏其中的道理可說是嚴苛又深具挑戰：了解自己被賦予多少資源，又被期待要創造多少回報，然後善用資源，盡一切努力去超越期待。

金融創造價值的方法對於我們的生活也頗有啟發：第一步，「超越金主的預期報酬」可以理解為你付出的應該比你得到的還多，也就是說，對應於你擁有的才能天賦，你應該給予世界更大的回報；第二步，「超越預期的時間越長越好」，意思就是永遠把自己的付出擺在第一位，不要計較得失；最後是「力求資金成長，你才能繼續創造超越資金成本的高報酬」，就要是不斷地投資自我、充實自己，才能繼續成長。只要你不急功近利，自然是放長線釣大魚，因為投資自我努力的回報必定十分巨大。

基督新教衛理公會（Methodism）創始人約翰．衛斯理（John Wesley）早在一七〇〇年代就很清楚才能比喻與價值創造之間的關係。有一次他的布道演說題目是「金錢的使用」，明確地把那則寓言和金融觀念結合在一起，其結論說：「不要把珍貴的才能拋諸大海」，「首先，盡己所能地獲取；其次，盡己所能地節約；然後，盡己所能地奉獻。」[1]這段話後來又變成更加膾炙人口的引語，充分表達衛斯理的想法：「不論何時、何地，以任何方法、方式，只要你能做得到，都要對任何人盡己所能地為善。」關於金融談到價值創造的說理，我們很難找到比這段話更好的總結。

今天的價值，唯一來源就在未來

價值從何而來的道理和價值如何評估，其實只相差一小步。先從反面來看看哪些不是評估價值的方法，對我們建立金融的價值評估方法頗有幫助。

金融和會計（accounting）通常被視為基本上是一樣的東西，甚至以為這兩者可以互換。但這個說法實在是大謬不然。金融其實是會計及其限制的直接反應。會計使用資產負債表來計算所有資產的價值和承擔的義務；使用損益表來計算每年利潤和虧損。這些計算就是會計師的基本業務，也的確有很多人是靠著這些技術和方法謹慎照顧自己的財務狀況。

但是對金融人士來說，會計上計算價值的方法其實非常麻煩。由於會計上的「保守」（conservatism）原則，有些企業最有價值的資產反而不會出現在公司的資產負債表上，因為會計師無法對之精確估價，所以它們的價值被定為「零」。事實上，像可口可樂公司、蘋果公司和臉書等企業，它們最有價值的資產從來就不在資產負債表上（例如：它們的品牌、知識財產權和社群用戶等）。而且還不只是如此。由於會計上的「原始成本」原則，資產都要以原始取得的價格列示，因此有些資產的表列價值和市場現值完全不一樣。所以我們會在某些企業的資產負債表中看到金額數字很大的「商譽」（這就是當初收購金額超出企業帳面價值的溢價），但是那個商譽在後來可能變得完全沒價值。所以會計和資產負債表的本質，其實是靜態而且是回顧性質的，就像是一張在過去拍攝的不完整的快照，與實際價值已然不符。

用資產負債表的方式來計算個人進步，也很可能跟會計師一樣犯下同樣的錯誤。這個方式強調的無疑會是一種記分系統，只著眼於那些可以精確計算的事物，但那些東西很可能根本沒什麼價值。而有些真正有價值的資產反而不會出現在個人的資產負債表上，因為它們的價值太難用一個精確數字來表達，記分系統必定只能忽略。

由於會計方法大有問題，所以金融是採用不同方式來評估價值。金融對於價值的評估，一開始就認為你過去的成就和目前所擁有的，跟實際價值的關係不大。金融就是完全徹底地向前看。今天的價值，唯一來源就是在未來。價值估值的第一步是向前看，預測某家企業或某個投資在未來可以產生出什麼。

第二步是把未來的利益換算成現在的價值。而金融的觀點認為等待也是有成本的。我們人類天生就沒什麼耐心，而且也不喜歡風險，所以等待是要收錢的，也就是我們之前說過的資本成本。未來的資金流換算成現今價值時，我們會根據資本成本來扣除其價值，等待的時間越長就扣除越多。把未來資金流換算成現在，就能得到今日的真正價值。這個換算過程叫「貼現」（discounting）。

你如果看看金融中使用的價值評估模型，都是這種基本結構：忽略過去和現在，展望未來以預測經濟效益；以「加權平均資本成本」換算成今天的價值，即把你的債務和權益融資（equity financing）預期的收益結合在一起。透過換算你就知道某件資產現在價值多少，如果它的價值比現在要付出的代價還高，那就是一筆好買賣。

評估投資在教育的價值也是相同做法，預測未來會因為這些教育而增加多少工資，再把這些增加的收入換算成現在的價值，和必須付出的學費做比較。如果換算出來的未來價值比學費還高，那麼這個投資就是划算。因為教育投資的確很重要而且頗有爭議（況且我本人就是在教育界），我們就先來看看這個要怎麼算。

根據歐巴馬政府在二〇一六年九月發布的「高等教育備忘錄」的估算，擁有學士文憑者在整個職業生涯中大概會比高中文憑者多賺一百萬美元。如果是副學士（associate's degree）的專科文憑，則可望多賺三十三萬美元。這樣就能說明整個狀況嗎？但事實上，那些增加的收入是要經過多年等待的，因此必須將未來的工資換算成現在的價值才行。進行貼現換算後會發現，學士文憑增加的收入是五十一萬美元，而副學士文憑則是十六萬美元。那麼你可以拿它們跟現在的學費比較一下，就知道這是不是一筆好交易。是的，根據這個分析顯示（相對於目前許多的觀念誤導），接受大學教育的確很值得，但這並不代表每一個大學教育都是好交易。

要為房子評估價值也是差不多的做法，只是比較困難，因為要估算一個住家會帶來什麼回報並不容易。要估算房子的價值，就必須先估算因為擁有自宅而不必支付的房租、房屋及土地稅金和整修裝潢費用，全都換算到現在即可知道現今價值。房子的價值應該要跟未支付租金做比較，這很重要，房市之所以屢屢陷於炒作泡沫就是缺了這道關鍵程序。很多人都沒注意到，二〇〇〇年代初期，美國房價跟租金水準比起來其實是貴到離譜。要是他們曾經注意過房價租金比（price-to-rent ratios），就會知道當時買房子實在是太貴了。

金融的估價方法與價值創造的邏輯一樣嚴苛。你過去做了什麼並不重要，只有未來才重要，而且回報需要等待的時間越久，其貼現折扣就越大。所有價值都來自於未來。事實上，金融人士大概都曉得，標準的估價模型導致價值大多來自所謂的「終極價值」（terminal values）。像臉書、領英和推特（Twitter）這樣的企業，其價值都是根據我們對它們未來表現所做的假設，而這些預期的假設就叫做「終極價值」。簡單地說，雖然不知道它們未來幾年表現如何，但其價值大多來自我們認為它們未來會做得不錯的想法。同樣地，在估算房價時，我們是根據幾年後可以賣到多少錢來估算這間房子今天的價值。

前述對於價值評估的簡單要說明，不但讓我們稍稍了解金融的方法，也能對日常生活帶來一些啟發。首先，在辨析價值和決定採取什麼行動時，要冷靜地向前看，不必管過去和現在。當你正視現在的自己時，過去的成就和那些錯過的機會根本就無關緊要。第二、價值估算一向強調未來，表示價值和決策根本上都是來自於推測，都是想像的行為。想像多種不同的未來，對於決策很重要，對於投資估價亦然。最後一點是，價值大多是來自終極價值（反映永久的報酬），而不是短期回報。人生這場漫長的比賽，歷久長存的價值是來自我們身後留下的，也就是我們的恩澤遺愛，並不是生前享受的種種。

我記得我父親常常對我說一句話，現在我也會對我女兒說（這個就是我的終極價值）：「世界是屬於年輕人的」。這原本是毛澤東說過的意思，但在許多不同文化也適用，而且其中包含著金融邏輯。我們都是在為後代子孫服務，因為這個世界終究是他們的，而不是為了我們。

財富有限，但付出與貢獻也值得讚賞

寓言在本質上容許多重解讀，這也是寓言歷久不衰而且總是那麼有趣的原因。但是那個塔倫（才能）的寓言，還是有一些讓我覺得困惑。

第一個是，三個僕人的塔倫分配不均，明確表示這是「根據個人的能力」來分配。第二是，後來又把最窮僕人的塔倫分配給其他人，明白顯示目標是：「因為凡有的，還要加給他，叫他有餘；沒有的，連他所有的也要奪過來。」最後，是對最窮僕人的懲罰非常嚴厲，那個「沒價值的僕人被丟到外頭的黑暗，令人咬牙哭泣的地方」。

我覺得這個寓言的神祕是為什麼那些塔倫（才能）一開始是不平均地分配？後來又為什麼重新分配給最富有的僕人？最後為什麼對最窮僕人施加嚴厲懲罰，他頂多也只是膽怯害怕而已，不是嗎？

對一些金融從業人員來說，寓言的這些部分反而一點都不會讓人困惑，甚至覺得挺真實的。他們大概會說：「你這些問題的答案很清楚。人的能力基本上都是不一樣的，很有才能的人會因為能力而獲得很大的回報。因為他們很有能力，才能控制更多社會資源。而獲得較少經濟報酬的人就是才能不足，而且常常浪費了機會。」這種蘭德世界觀（Randian worldview）頗能顯示大家所認為的金融人士冷酷的一面。許多金融人士對於自身努力的成果，也常常抱持一種菁英主義的看法：市場就是一個嚴苛的主人，最後的結果正是根據能力的差異。

但真的是這樣嗎？雖然不能百分之百地肯定真假，但抱持這樣一套人生信念可是很好？為了探索這個問題，我們來看看兩位深具天賦而且很有成就的人，而他們剛好也對那則塔倫寓言非常著迷。憑一己之力花八年時間編撰字典，成為後來《牛津英語詞典》（*Oxford*

English Dictionary）先驅典範的詹森（Samuel Johnson），對那則寓言也是深有所感。而無韻詩的史詩級作品《失樂園》（*Paradise Lost*）的創作者彌爾頓，也曾在他的文章中多次談到那則寓言，說他常常因為深刻思索而睡不著。

不管成就有多大，詹森都擔心自己沒有善用才能而受到上帝的懲罰：「擁有良田沃土卻不好好耕種的人，比田地貧瘠難酬辛勞的人更加罪惡可恥。」[2]詹森的心情，正好說出許多天資聰穎才智之士的負擔。對於自己分配到比較多的才能，他並不是感到慶幸，而是把它們當做是一種自己必須善加利用的義務。

詹森的詩作〈論羅伯特·萊維博士之死〉（*On the Death of Dr. Robert Levet*）引用寓言教訓，讚揚一個不像他自己擁有那麼多才能的平凡人。萊維是個原本受到詹森照顧的可憐人，後來也照顧許多他身邊的人。從許多方面來看，萊維可說是毫不起眼的平凡人，但就是這樣的萊維獲得詹森的最高讚揚：「不求聞達的智慧，質樸無華的善良」，他對於周遭的關心和愛護，展現「深沉蘊藉的力量」。為什麼萊維可以得到這樣的讚美？詹森總結說：

論其德也，雖矜持緩步，
但不停滯，也不蹈虛空；

永恆的主人必定會知道
唯一才能已經善用。

萊維並沒有多少物質財富或天賦才能，唯一長處就是懂得關懷照顧身邊的人，而這樣的萊維讓擁有無數才能的詹森大為感動。對於詹森來說，這個寓言並不是要叫我們崇拜世上「偉大的男人和女人」，而是一個教人謙卑的教訓，儘管他的天資稟賦很有限，其付出與貢獻也值得讚賞。

對於這則寓言，英國詩人彌爾頓的體會更加深刻。身為簿記員（兼放高利貸）人家的兒子，彌爾頓對他的塵世父親感到負債深重，因為他爸爸不吝付出，十分注重兒子的教育；對於他在天上的父，也因為感受到自己的天賦詩才而覺得仔肩沉重。彌爾頓擔心自己不勝負荷，無力還清這些債務，一再地引用那則寓言來表達內心的焦慮。他像我們很多人一樣，多年來一直在尋找「可靠的運用」。等到發現自己就快要失明時，這份焦慮達到了最高潮。雖然在一六四〇年代英國內戰期間，他已經是共和派的自由演說家與文宣專家，還是擔心自己沒有善用才能，而眼疾逐漸惡化更令他擔心此生已然無望。

在他的詩作〈當我想到光明已逝〉（*When I Consider How My Light Is Spent*）中，彌爾

頓運用塔倫寓言來表現自己對於天罰的恐懼。因為自己快要失明了，「隱藏的才能等於死亡」、「對我已經無用」，讓詩人備感煎熬。

但彌爾頓又從另一個完全不同的寓言獲得啟發，這個葡萄園工人的寓言讓他擺脫折磨的痛苦。這個寓言說上帝是個地主，為他的葡萄園僱用了幾個工人。有些人早上就開始工作，有些人則是無所事事，直到一天快結束了才開始工作，上帝說祂會「支付正確的金錢」。但最後上帝付給每個人的工錢都一樣多，不管他們是從幾點開始工作，所以那些工作時間比常長的人就不高興了。上帝回答說：「我願意給那最後來的，就像我給你的一樣多……難道因為我的好心，你就眼紅了嗎？那最後一個也跟第一個一樣，第一個也和最後一個一樣。」

在彌爾頓的詩中，塔倫寓言的嚴苛訓示又被後來的葡萄園工人寓言中較寬容的看法所取代。過去擔心自己浪費才能會遭受上帝責罰的彌爾頓，在最後總結自己的焦躁和憂心：

「上帝不需要
人的辛勤勞作，也不收回祂的賜予。誰最能
承受祂寬大的鎖軛，就是最好的侍奉。祂的話語
即如王命：千萬人急速奔馳，

越過大地與海洋，未敢稍停；
那些只是站著等待的人，也是在奉侍。」

換句話說，除了塔倫寓言的嚴苛看法之外，這個世界還有別的觀點，人生在世總不能獨沽一味。彌爾頓認為，還有仁慈、慷慨和寬恕，這些都是塔倫寓言所忽視的。彌爾頓在第二個寓言中領會到的寬容慷慨，可能就是在他完全失明之後，還能完成《失樂園》、《復樂園》（*Paradise Regained*）和《大力士參孫》（*Samson Agonistes*）等煌煌巨著的原因。

超額報酬，才是真正創造價值

雖然塔倫的比喻在直覺上極為對應價值創造，卻不免和另外一些重要的金融觀念有所出入，也和某些金融人士更嚴苛的世界觀形成對比。

這種嚴苛的菁英主義世界觀，可以用「超額報酬——α」概念做代表。很多金融人士，尤其是投資人都以牟取超額報酬為目標，而嘲笑那些只是獲得「風險報酬——β」的人。這是什麼意思？我們之前說過，β 值是衡量股價走勢與大盤的關係。跟著大盤同方向漲跌就是投資人無法分散、只能承擔的風險，因此也會有所補償。所以那些只是因為承擔風險而獲得報酬的基金經理人也就跟價值無關。根據價值估算邏輯來看，他們其實沒有創造出價值。雖然他們的確是獲得很好的補償，但也只是風險報酬罷了。以我們先前的說法，他們只是滿足期待，卻以為自己在創造價值。

和那種不勞而獲的概念相比，「超額報酬－α」才是超越預期的回報。簡單地說，「超額報酬－α」的投資才是達到金融仙境。你要是能夠超越期待，獲得超額報酬，才是真正地創造價值。

而對於塔倫寓言，金融人士就錯在太過強調其中比較嚴苛的那個部分。他們把自己的成功與回報大多歸之為超額報酬，也因此感到自豪。事實上就金融範疇而言，我們很難確定超額報酬有多少程度是人為產生。因此有很多我們以為的超額報酬，其實就不是那麼回事。

我們可以用擲銅板的實驗為例。對那些吹噓自己投資功力的人來說，這個實驗相當挑釁，因為它直接反駁了超額報酬很容易標示或產生的觀點。你可以找來一百位朋友同在一個房間裡，讓大家拿出一枚硬幣來投擲，並且記下投擲的結果。你會發現，這一百人裡頭幾乎都會有一位可以連續十次擲出同一面。這個重要的啟示是：那些說自己可以連續十年打敗大盤的投資人，很可能就跟那位擲出十次同一面的朋友一樣。為什麼呢？

這又可以回來談談隨機性和梅花機的本質。雖然大多數的珠子都會落在中間部位，形成常態分布，但是在兩側也必定會有幾顆珠子。當專業投資人也是成千上萬時，我們大概也可以預期一定有很多人的表現會非常好。但這可能跟他們的投資功力毫無關係，也許都只是運氣而已，他們都是梅花機裡頭分布在兩側的珠子。這個謎如果要說有什麼啟示的話，那就是有更多專業投資人都不會做得比大盤好，這都只是運氣而已。

這個實驗的意義是，我們很難排除金融交易中的運氣成分。首先，任何成功的投資方法都帶有隨機本質，所以它們都不是百分之百的「功力」；第二、我們也無法清楚地確定到底是承擔了哪些風險，這就讓預期回報模糊不清；最後是現在也有很多證據表明，在考慮到管理費用後，能持續打敗大盤的基金經理人其實都很少。

最後那一點說的也就是「效率市場假說」（efficient markets hypothesis），就算不是不可能，要一直打敗大盤可是非常困難。由於金融市場連連出現危機，現在也有很多人嘲笑市場是否真有效率，但也有很多專業投資人是為了自身利益，而刻意誤導視聽，讓大眾以為效率市場不真實。不過認為所有資訊都已反映在價位上的天真看法，的確是不真實。比較周到也有許多證據支持的說法，要打敗大盤、持續達到超額報酬的確是非常困難。

因此把市場結果視為個人努力與能力的明確指標，這樣的吹噓也該省省了。在金融範疇中，這種伴隨菁英成分的英雄主義並不合理。真要說的話，在金融界更容易把單純的運氣誤以為是自己的功力，碰上糟糕的成績則說是例外。

事實上，我們在金融界大致看到的正是如此。過去三十年來，另類資產（alternative assets）產業的巨幅成長，是資本市場中還沒得到正確評價的發展。大家都以為有些投資法人，例如：對沖基金、私募股權基金和創業投資基金等，都是功力高強，可以創造出「超額報酬——α」。而創造超額報酬又成為他們收費的基礎。其費用結構，就是所謂的「附帶權益」（carried interest）乃根據投資績效來算；也就是說，只有績效好才能獲得報酬。

當然事實並不是這麼好。這些投資人的表現平均上也都沒有超過合理基準，大多數投資人的技術能力證據也都是短暫的，也許只有表現最好的前一〇%基金是個例外而已。他們的薪酬所根據的基準，通常並未反映出他們承擔的風險。同樣地，以股票投資績效來做為經理人薪酬契約的評估標準，只是嚴重誤導。在比較短的期限內（十年以下），金融投資績效幾乎不可能排除運氣因素的影響。因此整個經濟體系中的薪酬計算大多不能反映現實，實際上也使得收入不均的情況更為嚴重。

金融給我們的警示是不該把投資結果完全歸因於努力和投資技巧。事實上，在人生和投資方面，運氣的好壞才是主導因素，而這一點是大眾尚未充分認識的。金融教導我們要謙虛，就像詹森和彌爾頓一樣。塔倫寓言最嚴苛的一面，以及許多金融人士的世界觀，都應該用謙虛的態度加以中和，慷慨而寬容地對待他人，並且對人生中的運氣成分有充分的理解。

金融尋找價值，就像找尋人生意義

價值評估的邏輯，就是管理和義務的邏輯，你拿走一些但要回報更多，為了後代子孫而努力，但不必把結果視同為努力。就哲學的一面來看，金融的價值評估方法應該也並不奇怪，我們每個人活在世上不都想著要創造價值嗎？金融尋找價值，就好像我們人生總也想要尋找意義。

這一章剛開始的時候，我們從「talent」的字源切入來討論金融。那麼在最後，我們要從「finance」（金融）的字源來討論它的意義。我問學生金融是什麼，他們常回答說是「錢」。事實上，「finance」的字根是拉丁語的「finis」，意思是「最後一筆付款或清算」，也就是結清債務的最後一次付款。目前所知，最早使用「finance」這個字的是中世紀的〈波恩的故事〉（*Tale of Beryn*），這一部分常常被歸入喬叟（Chaucer）的《坎特伯雷故事集》（*Canterbury Tales*）。裡頭有個人在談到自己生命時說道：「改過遷善，清償負債。」簡單地說，履行債務，清償負債就是通往解救之路。

當審判之日到來時，你是否都已經清償債務？

第 4 章

擔任製作人：

委託與代理的問題，
生活到處可見

在林－曼努爾・米蘭達（Lin-Manuel Miranda）的《漢密爾頓》（*Hamilton*）之前，梅爾・布魯克斯（Mel Brooks）二〇〇一年的《製作人》是極受好評的百老匯音樂劇，由納坦・朗恩（Nathan Lane）和馬修・柏德瑞克（Mathew Broderick）擔綱主演。儘管《漢密爾頓》在二〇一六年一舉囊括十一項東尼獎（Tony awards），令人驚豔，但還是沒有打破《金牌製作人》當年十二個獎項的紀錄。而在音樂劇版本之前，《金牌製作人》早在一九六八年就曾經拍成電影，而且正是由布魯克斯原創劇本並親自導演搬上大銀幕。

在這部電影中，澤羅・莫斯苔（Zero Mostel）飾演正在走霉運的百老匯過氣製片麥克斯・畢亞利史塔（Max Bialystock），他窮到連皮帶都是假的。畢亞利史塔哄騙幾個有錢的老太太出錢讓他製作新戲，但其實只想占便宜吃大餐和購買昂貴西裝。年輕的金懷德（Gene Wilder）則扮演的懦弱又無辜的會計員里奧・布魯姆（Leo Bloom），他走進畢亞利史塔的辦公室，陷入了一場大騙局。

畢亞利史塔和布魯姆決定以籌製新劇為由超額募資，把音樂劇股份大灌水賣給一些天真的投資人，集資金額遠遠超過製作所需。等資金到位後，畢亞利史塔和布魯姆會找來全世界最爛的劇本、最爛導演和最爛演員，製作一齣馬上就會被迫下檔的爛戲。雖然這樣沒有利潤可以分紅，投資人一定會虧損，但可以推說是因為票房反應不佳。然後畢亞利史塔和布魯姆就可以帶著沒用完的製作經費逃到里約熱內盧過好日子了，投資人永遠不會曉得他們擁有的股份其實是這整部戲的二百五十倍！反正大家也沒有利潤可以分。只要那齣戲沒有任何利潤，就沒人會發現畢亞利史塔和布魯姆在搞什麼鬼，況且製作一檔爛戲可是比好戲容易多了。

他們製作的《希特勒的春天》（*Springtime for Hitler*）原本是齣既可怕又犯眾怒的爛戲，畢亞利史塔和布魯姆滿以為一晚就會下檔。滿場觀眾一開始的確是備受打擊，不知道該做何反應，最後決定把它當做是戲謔模倣的滑稽鬧劇，覺得它很有趣，反而讓它成為一場獵奇巨製，票房大爆冷門，這下子畢亞利史塔和布魯姆的算計全盤落空。在這齣電影的結尾，畢亞利史塔和布魯姆在監獄中仍想重施故技，又打著另一場爛戲《愛的囚犯》（*Prisoners of Love*）搞錢。

到目前為止，我們已經討論過風險與報酬以及投資人如何選擇投資，但也要搞清楚投資人為什麼可以把錢賺回來。這個問題好像沒什麼好說的，因為投資人擁有一家企業或一檔戲的股份，當然可以分到自己配額的利潤。不過《金牌製作人》卻捕捉到了金融中的基本事實：投資人幾乎都沒什麼權利，而且常常根本不曉得到底發生什麼事情。

那麼這個問題就像美國經濟學家史萊佛（Andrei Shleifer）和維斯尼（Robert Vishny）所說的，為什麼「金主可以拿回一些什麼。畢竟錢也不是他們在管，後來對於公司也沒什麼貢獻。經營企業的專業經理人和企業家大可捲款潛逃！」[1] 換句話說，資本主義為什麼不會崩潰成無止無休的偷拐搶騙？為什麼企業家不會都像畢亞利史塔和布魯姆那樣欺騙投資人？而且金主為什麼還敢掏錢投資？要是碰上經理人投機冒險或根本是一場騙局，就血本無歸了！

這些問題的答案正可說明現代資本主義的核心「委託代理問題」（principal-agent problem），而且理解這個問題可以為我們思考生活提供有力框架。

現代資本主義的根本問題

很久很久以前，資本主義很簡單。那是在幾百年前，商人、農民和店主都擁有自己的事業，每天都自己做生意。是的，後來就有了變化，包括出現了奴隸，還有政府主權介入商業等狀況。不過我一開始說的「很久很久以前」，就暗示這種單純簡直是個童話。

隨著商業的發展，企業規模也在成長。規模成長需要資本主義來適應這些根本性的變化。因為企業成長需要大量資金，因此光靠一個出錢的老闆來維持一家企業也就顯得力有不逮。隨著出資業主的增加，實際負責經營的人也可能不再是出錢的老闆。因此過去是企業所有人自己負責經營，但現在業主和經理人已經分開。

以蘋果公司為例，最大的個人股東就是蘋果執行長提姆・庫克（Tim Cook），但他其實只有〇・〇二%的股票而已。就算是最大的共同基金法人股東，擁有的蘋果股權也不到一〇%。蘋果公司總共有幾百萬個投資人，他們都決定把經營公司的任務交給經理人，希望經理人為蘋果的投資人謀求最佳利益。

對金融經濟學家來說，業主授權專業經理人負責經營的企業質變，就好像是亞當在伊甸園咬下蘋果，代表著無辜時代的終結和現代世界的開始。

這個變化為何影響如此深遠且涵意豐富？

我們來看看企業界的長青樹，美國同笑樂（Tootsie Roll）公司的例子。這是第一家販售單獨包裝的便宜糖果的美國企業。同笑樂公司創立於一八九六年，至今仍是美國的股票上市公司，它現在還有其他品牌的糖果，包括「Charms Blow Pops」、「Dots」和我最喜歡的「Junior Mints」。二〇一五年一月，一直負責經營同笑樂的執行長不幸過世，讓大家頗感意外。這時候同笑樂的眾多股東反應如何？是否有一段敬致哀悼期？還是因為不曉得誰會接手打理公司，而出現恐慌賣壓？

結果股票……反而漲了七%。這是怎麼回事啊？執行長死了反而有慶祝行情嗎？其實這種反應也滿常見的。企業執行長意外過世往往激起強烈反應，而且是正面反應。怎麼會這樣呢？簡單地說，就是股東都很高興看到執行長要換人了。不過他們要是不喜歡這個人的話，早先不能把他趕走嗎？而且這個執行長不是應該為股東工作嗎？

對於執行長的不幸出現正面反應，除了有點殘酷之外，其實是反映出業主授權經理人經營企業的基本問題：經理人未必履行應盡之責，而且股東也很難施加控制。這個就是公司治理的問題，也是委託代理問題的代表，更是現代資本主義的根本問題。

你在生活中也一定會碰上這種問題。當我們跟承包商、律師、醫生或任何幫我們做事的人進行互動時，都會碰上委託代理問題。在這些狀況下，我們（委託人）指定某人（代理人）為我們進行某事（例如：蓋房子、法庭辯護或醫療照顧）。這個問題有兩個層面：首先，他們會來幫我們做事，當然是有其動機存在，但也都會有自己的盤算（為養家活口或想要早點下班）；第二，我們無法肯定他們始終是為我們在做事，你就是沒辦法一整天都盯著他，而且對於他們所做的事情，他可能懂得比你多太多了（我真的知道我家這間房子所用的水泥是好是壞嗎？我真的知道自己需要進行核磁共振掃描嗎？或者那家核磁共振掃描中心到底是誰開的）。

現在想像這個問題放在更大規模的背景中，例如：吸引幾兆美元投資的企業界。股東對於自己投資的企業通常是無法監督管理，而且經理人往往懂得比股東還多，他們知道企業的狀況如何，但股東則不太清楚；這就是所謂的「資訊不對稱」（informational asymmetry）。你怎麼知道提姆．庫克的經營策略對不對？你怎麼知道提姆．庫克工作認不認真？像這些事情根本就是沒法確定。經理人當然也不都是壞人，但他們有時候也會有自己的盤算，未必跟股東企圖總是一致。也許提姆．庫克在「無限循環」（One Infinite Loop）用股東資金蓋的企業總部是不必要的奢華，只想貪圖個人享受，沉溺在員工和同事的阿諛奉承？他可能不是個壞人，但要說他在考慮到幾百萬個股東之前會先想到自己，也沒什麼好驚訝的。所以現代資本主義的整套遊戲，就是要找出方法，確定經理人都善盡自己的責任，為股東謀取福利，雖然他們都有自己的盤算，而股東也沒辦法一直盯著看。

環環相扣，各自面對嚴重的問題和利益衝突

以同笑樂來說，股東曾經質疑執行長是否以股東利益為先。糖果產業曾經互相兼併快速強化體質，以對抗超級市場和其他食品業者的巨大壓力。由於上架空間越來越難找，成本也

越來越高，因此糖果公司變得越來越大以爭取貨架空間。有許多公司都表示有興趣收購同笑樂，而且提出的價格比股價市值還高出不少。但同笑樂的執行長不答應，雖然同笑樂的銷售走平多年未見成長，很多投資人都希望他考慮出售。為什麼執行長拒絕他們的要求？

有一部分可能是因為執行長知道公司賣掉以後，自己就沒工作了。這個工作每年有八百萬美元的薪酬，其中有一百二十萬美元是花在指派私人飛機，每周載他從麻薩諸塞州的住家到芝加哥上班。你要是知道這家公司每年營收只有五億美元的話，也會覺得那些薪酬實在是不少。提姆・庫克每年的收入也有好幾百萬美元，可是他的公司營收可是一千五百億美元，足足是同笑樂的三百倍啊！

由於企業規模劇烈膨脹，確保別人有動力去做我們交付的事情，以經濟術語來說就是激勵動機要怎麼安排，已經成為過去一百年來的核心問題。二〇〇〇年代初期的公司治理醜聞〔還記得安隆（Enron）和世界通訊（WorldCom）嗎〕主要也就是這個問題，金融危機之前，金融機構的放貸浮濫和融資過度也是如此。經理人也不免要常常想到：借錢給信用不佳的房地產投機客，不但可以收取費用讓我領薪水，出問題也是好久以後的事，何樂不為呢？二〇〇六年富國銀行（Wells Fargo）的醜聞也是一個錯置激勵措施、耗費巨大社會成本的案例。

過去一百年來我們一直在尋找方法解決這個問題。要怎麼辨呢？如果是個人的話，我們通常是依靠承包商、律師或醫生的信譽來保護自己。我們也會仰賴專業人員的行為準則。這兩種機制對金融當然也有用，但還是不夠。比方說，希波克拉底斯（Hippocrates）的誓言就能阻止醫生濫施核磁共振掃描，而且那家檢驗中心剛好是他跟其他醫生一起開的嗎？如果決策的對錯要到十幾年後才知道，那些企業執行長還會擔心什麼信譽問題嗎？到時候他可能早就換一家公司。

委託代理理論（agency theory）就是金融所提出，用以解決激勵錯置的潛在問題。不幸地，這些方法只能解決一部分，而且方案本身也有自己的問題。我們現在解決代理問題，最重要的方法是對經理人採取股票形式的薪酬。如果經理人有切身利益的考慮，也就會考慮到股東利益，激勵也就安排妥當。但是這個浩大實驗進行了四十年，所產生的結果卻是相當分歧。是的，現在經理人的觀點是會比較接近業主，但因此又有一些新的問題。經理人應該獲得多少股票做為薪酬，是要由誰決定呢？理論上來說，應該是由企業的董事會決定，但實際上好像是經理人在決定要給他自己多少股票，而且對這種狀況大家似乎也都可以接受，因為那些是股票又不是「真錢」，亦即現金。更危險的，當經理人想要賣股票的時候，就會因為切身利益而有一些奇奇怪怪的動機來改變企業的業績狀況。簡單地說，他們可能會犧牲公司的長期利益來拉抬短期績效。

我們在資本市場上觀察到的許多狀況，也都是為了解決代理問題。為什麼我們會看到有些大型避險基金透過持股積極參與企業經營，要求改變呢？為什麼避險基金有時好像跟企業打對臺，「拋空」它們的股票呢？這些積極的操盤手實際上是想在一盤散沙的股市爭取領導地位，以監督企業經理人，對他們施壓，要求他們做正確的事。這些貌似邪惡的空頭，也許才是揭露經理人騙局，追求真相的人。這些空頭在打擊安隆、只想賺錢的黑心學店等，都已經獲得成功。很多人認為這些大戶對生產性企業像是吸血的水蛭，但從另一種觀點來看，他們其實是在解決一個深層的問題。

同樣地，私募股權基金，如KKR（Kohlberg Kravis and Roberts）或黑石（Blackstone）等，也都是根據發揮業主力量可以創造價值的假設為基礎來運作。他們為代理問題提供另一套解決方案，也就是把大眾資本市場中分散的所有權集中起來，才能更謹慎地監督經理人。專門資助新興企業的創業投資家也特別關注這個問題，所以會以一些奇怪的工具，如「可轉換優先股」（convertible preferred stock）來進行小額投資。這些金融操作的特點都是為監督企業家，確保他們追求的目標和投資人一致。

但是啊！這些「解決方案」也都各自產生自己的問題。介入經營的投資人和拋空者雖有很多辦法獲得報酬，其中也包括一些能夠在短期內擷取收益的契約，這可能導致急功近利而犧牲長期價值。私募股權看似比較好，但這些投資人也獲得一些類似契約，造成在特定期限內提早獲利了結的誘因。而且私募股權投資人的最後目標通常是股票公開上市，由於他們在公司內部掌握資訊優勢就有很多花樣可以玩。

這些介入經營和私募股權投資人雖然是以業主的身分進行投資，但他們其實也都是另一批業主的代理人啊！這些投資人是大型退休基金和捐贈基金（endowments funds）的代理人，也是受託管理資金，求取優渥報酬。而那些大型基金一面是業主，卻又是大眾存款戶和退休者的代理人。簡單地說，現代的資本市場看起來就是一連串環環相扣的委託代理契約，而且各自都面對著嚴重的問題和利益衝突。

再以蘋果為例。二〇一三年，蘋果大股東綠光資本公司（Greenlight Capital）的艾恩宏（David Einhorn）搞叛變，要求提姆・庫克發放蘋果的累積盈餘，但庫克和之前的執行長賈伯斯（Steve Jobs）都拒絕發放這筆現金。艾恩宏是以業主身分要求代理人提姆・庫克發放現金給股東。但艾恩宏自己又是州政府退休基金的代理人，要為金主謀取報酬。而政府的退休基金是由我們存錢投資，由那些基金經理人管理我們的財產。這就是一連串環環相扣的委託代理關係：我們（最後的委託人）把錢存在退休基金（我們的代理人），退休基金指派艾恩宏（退休基金的代理人）監督提姆．庫克（艾恩宏的代理人），提姆．庫克又指派強納森．艾維（Jony Ive，蘋果的首席設計長，所以也算是庫克的代理人），然後他又指派誰誰誰……沒完沒了。你一旦知道這種委託代理關係，在生活的各個地方都很難不會發現。

委託代理，讓事情可能變得更混亂

從許多方面來看，現在關於資本主義出了什麼問題的討論，其實都是金融與代理理論的爭辯。有些人認為代理理論的支持者太成功才是個嚴重問題，經理人只關心自己的主人！他們也應該要關心勞工、客戶和環保啊。經理人要是在思考上更加恢弘開闊，不要只關心追求利潤，我們這個世界一定會變得更好。

另一些人則認為我們沒有充分吸取代理理論的教訓才是大問題，為非作歹的經理人時有所聞，而且他們的工作就是只要為業主創造價值！但有些經理人急功近利，忽視長期價值，由於錯誤配置的誘因而導致投資人承擔過多風險，退休基金付出的薪酬也未免太多了，因為他們根本都在打瞌睡。

到底哪一邊說得對呢？要討論這個恐怕還要再寫一本書才行。不過就本書來說，再來看看同笑樂的例子，可以發現其中有一些跟我們生活息息相關的東西。其實同笑樂的故事比我剛剛說的還要豐富而且離奇。那位不幸過世的執行長叫馬文・高登（Melvin Gordon），他太太是魯賓（Rubin）家族的人，一直是控制同笑樂公司的資方。所以他才能擔任執行長超過五十年（他過世的時候已經九十五歲），而且多次拒絕卡爾・伊坎（Carl Icahn）的逆襲，後者是出名的股市禿鷹，企圖將同笑樂賣給更大的糖果公司，例如：瑪斯（Mars）或赫氏（Hershey's）。但是高登和魯賓家族持有很多同笑樂的股票，最重要的是他們以獨立的控股公司另外掌握一些投票權，所以公司的事情當然是他們說了算。

所以事情的狀況就不會像我們原先猜測，不負責任的執行長忽略股東意願（代理人不履行委託人目標），那麼單純。高登家族本身就是大股東，因此他們和執行長的利益是一致的。此外，高登和魯賓家族認為，伊坎和其他股東所在意的可和家族大股東不一樣：把公司賣掉會讓許多老員工丟掉工作，改換經營地點也可能傷害整個社區，而且品牌易手也會失去消費者長期的喜愛和支持。而伊坎那一邊則認為，高登和魯賓家族以強勢股權維護私利，並不照顧其他股東。

所以就同笑樂的狀況來說，它的委託人（股東）並不是只有一種聲音，代理人（執行長）可能是有自己的目的，或者是在回應他所知道的委託人意願（也就是他的家族及其相關股東）。但情況比這個還要更複雜。伊坎自己也是他管理的退休基金和捐贈基金的代理人。伊坎（現在是代理人身分）主張賣掉同笑樂，是為了委託人（退休基金投資人）的長期利益，還是為了提升基金操作的短期績效以吸引更多資金加入呢？

同笑樂這個複雜的故事告訴我們什麼？是的，委託代理理論是理解現代資本主義非常有力的框架，但是對於誰對誰錯，這個框架並不能給出簡單而清楚的答案。事實上，事情可能變得更混亂。委託人的目標和意圖可能本來就不一致，甚至是根本不清楚（也就是說，執行長應該照顧哪些人的利益）。也很難分辨代理人是自私自利或者誠實奉公（例如：判斷執行長是否做正確的事）。有些人看起來像代理人，實際上卻是個委託人（例如：家族大股東的執行長）；有些看似委託人其實也是個代理人，有他們自己的委託代理問題（投資人本身就是動機不明的代理人）。

歡迎大家來到一團爛泥的現代資本主義！所以回頭來看看原來的問題：現代資本主義到底是怎麼了？現在大家知道，答案可是很複雜。關於金融市場的種種弊端、黑幕的討論雖是連篇累牘，多少挖出一些真相，卻也因為我們試圖解決問題又搞得更複雜。

有助於理解生活上的混亂

委託代理是理解現代資本主義爛泥和金融角色的強大管道，不但可以讓我們在面對資本市場時擬定正確問題，更令人驚訝的，就算是面對生活的混亂，也能幫助我們問對問題。

我發現從四個方面來看，委託人和代理人的視角對於理解生活上的混亂很有幫助。首先，也是最明顯的，在專業背景中，從委託代理的角度可以看出我們扮演什麼角色：當我們擔任主管時，是否授權下屬履行其義務？當我們被委派一項任務時，我們是依照主管的意願去執行，或者是私下有自己的盤算？第二、我們在家庭中扮演的角色，也是在委託和代理之間打轉，隨著年齡不同而轉變，必須照顧小孩和年老的父母。

前兩者是關於我們與特定個人的關係，接下來兩方面是應用在我們如何操控個人與社會期待，以及我們和自己過去經驗之間的關係。我們是擔任表達自我意圖的委託人，或者是為隱形委託人行事的代理人？正如我們面對現代資本主義那團爛泥一樣，在這些情況下採用委託人和代理人的角度來探索，並不是為了尋找結論性的答案，而是為了問出正確的問題。

到底是授權不夠充分，還是本身能力太差

我過去曾尋求不同的教學挑戰，一度也曾深入領導和組織行為方面。我最喜歡引用的教學案例之一是說——這教案好到連金融教授都可以教——一位擁有管理碩士學位，年輕又自負的優秀經理人，扶搖直上迅速攀登高位，但現在他底下有個年紀較大的老員工不甚符合他的期待，讓他覺得很麻煩。這個案子提供了豐富主題，包括經理人如何對部屬提供回饋。我在課堂上的討論通常是先做民意調查，看看學生認為應該怎麼處理：一、開除該名員工；二、對之施以訓練；三、找其他員工代勞，暫時繞開這個問題。等到我要求學生模擬演出他們所選的答案，那些原本口若懸河對自己選項說得頭頭是道的學生，也會對實際上要採取的行動感到退縮。

但最大收穫是大家終於發現到，問題好像根本不是那個部屬。在這個教案中處處都有明顯的線索，但是學生對它們通常不是很敏感，往往要四十幾分鐘以後才有人發現到底是怎麼回事。問題在於這位厲害的經理人明明是授權給部屬來承擔責任，卻又一再地介入干預，讓部屬深感沮喪和失望，逼到最後終於離開公司也離開這個行業。

後來這位自負的經理人也得到報應（本案例的最新狀況），由於他執迷於控制部屬，他

的上級主管也發現到這一點。在建構管理結構時，成功委託代理人的能力也是很重要的一部分，但是這位年輕經理人似乎不太會。他對代理人的表現不符期待而施加懲罰時，其實也巧妙地讓部屬難以發揮實力。

當我在課堂上討論這個教案時，學生們似乎馬上把自己看做是那個自負的主管或者是那個部屬。有些人會想到自己做為代理人時，也曾經面對的不合理期待或資源不足的窘境。另一些人則會想到自己也有那種不能充分授權的毛病，使得那些原本可以提供幫助的人難以施展。從某些方面來說，專業工作就是一個委託代理問題的集合體，要弄清楚委託人是否合理的管理者並不太容易，而要找出代理人的失敗到底是授權不夠充分還是本身能力太差，也是一樣複雜。就像這個個案研究中的經理人和我課堂上的學生一樣，我們通常會以為問題不在我們自己，但從委託與代理的角度來看，可以知道狀況可能是更加微妙。

教養過程中，誰是代理人、誰又是委託人？

我父親過世幾年後，我開始和妹妹討論我媽的生活應該怎麼安排。我媽有可靠而體貼的看護照顧，但她的生活越來越孤單。我們擔心這種心情最後可能導致憂鬱，甚至減損她的壽命。我和妹妹原來就住得很近，後來我們才想到可以讓我媽也搬到附近來，她就很容易可以看到她的孩子和孫子們。這個辦法不是很簡單！但也是要想到之後，才會覺得怎麼以前就沒想到呢。如此一來，大家互相走動都方便，她可以常常看到我們所有人，也就不會再感到孤單寂寞覺得冷。

我向我媽提出這個想法，她的反應卻是很保留。我舉出如此安排的所有好處來說服她，但她還是不願意，我繼續施壓。最後她說了一句話讓我啞口無言：「可是我還是能看到你爸爸待在這裡。我不想離開他。」她很明白怎麼讓我知難而退，而我也退讓了。

後來我和妹妹又繼續觀察了一陣子，我們都認為媽媽應該會喜歡這個安排，只是她抗拒改變現狀而已。等她真的搬過來以後，一定會很高興的。我們準備更積極地推動計畫，因為我們知道媽媽最後一定會照我們說的做。

在我們持續討論的途中，我也慢慢想到，也許是她根本就不覺得跟孩子、孫子住得這麼近有什麼好的，或者是她喜歡現在的生活，而不是我們為她設想的那個樣子。更糟的，我覺得我們的計畫很可能只是在反映自己的願望，而不是為她著想。讓她住得近一點，對我們的生活比較方便，我和妹妹也都希望孩子可以常常跟她見面。

我們只是以她的利益為藉口，實際上卻是為了自己的方便？我們真的是以她為重的忠實代理人，還是打著幌子淨是盤算自己的小企圖，改善自己生活呢？同時也不清楚她自己是否真能維護自己的利益，因為她的抗拒可能只是反映改變需要付出成本，而並不見得明白新安排在以後會有什麼好處。最後而且最重要的，我也不知道我爸爸會希望我們為她做什麼。我常常覺得，他就是我一直想要取悅的隱形委託人。因為人家都沒有意識到這一點，狀況就變得一團混亂，這當中的委託人假裝成代理人，還有一位隱形的委託人帶著一個永遠沒人知道的願望。

我們在教養孩子的階段，也會碰到這些問題。包括我自己在內的家長，大多數都喜歡把自己看做是代表孩子的忠誠代理人，希望他們都能「盡己所能」成就「最好的可能」。當我們這樣說的時候，就是把孩子當成自己的委託人，我們只是在幫助他們實現自我。

但實際上，我覺得這樣的教養實在很膚淺，小孩最後也一定會變成我們意圖的代理人。有時候他們也會習慣於父母的喜好，把那些偏好內化為自己的選擇，會發生這種狀況其實也不是任何人的錯。相對於隨機抽樣的一般大眾，他們更可能追隨我們的專業、享受我們喜歡的事物。事實上對我們來說，很多人都以為養育子女的主要責任就是為他們培養出一套價值觀。如果是這樣的話，在教養的過程中到底誰是代理人、誰又是委託人呢？

有時候，委託人和代理人角色的轉換也不是那麼無意識或無目的。很多為人父母者雖說是懷抱善意，卻是把自己未能實現的抱負和希望投射到孩子身上。在這種情況下，父母假裝是孩子的夢想和潛力的代理人，但實際上卻是強迫代理人（孩子）就範的委託人。

從委託代理的角度來看，並不能知道怎麼做才對，但可以讓我們曉得這些狀況是有多混亂，我們對於自己工作和家庭生活的認知敘述，常常是根據自身盤算而塑造出來的。理解自己在其中所扮演的委託人和代理人角色，誠實面對，可能才會讓我們成為他人眼中更好的同事、配偶、父母和子女。

不再當社會期待的代理人

根據我的計算，英國小說家佛斯特的《窗外有藍天》總共有十九次提到「混亂」或相同的意思，我在本章到目前為止也提過八次。事實上，佛斯特那篇故事要說的就是一種混亂狀況：我們的行事作為到底是應該配合社會的期待，或者是應該選擇自己想要的。我們並不總是知道自己選擇的原因，到底是為了自己的需要，或者是曲意附和社會的期待，如此哪能不感到混亂。這時候我們到底是社會期待的代理人，或者是忠於自我的委託人？

露西．韓妮喬琪（Lucy Honeychurch）是個年輕女孩，去佛羅倫斯旅行認識喬治．愛默生（George Emerson），引發了一種雖然不符禮俗但仍屬形而上的愛戀與激情的感覺。回到英國以後，她壓抑激情，遵從社會期待，和陰沉無趣但擁有身分地位的賽西爾．懷斯（Cecil Vyse）訂婚。露西發現自己深陷混亂，她不能確定自己對賽西爾和喬治的感情，也不知道自己這麼做是為了自己還是為了誰。

最後喬治的父親指出露西的困擾，揭露她一直在逃避的現實。喬治的父親說：

「親愛的，妳讓我很擔心。我覺得，妳現在真是糊塗了……妳聽我老人言，這樣的混亂真是全世界最糟糕的事情。面對死亡、命運和那些聽起來很可怕的事情，還比較容易呢。我現在回頭看看自己糊里糊塗的過去，真是讓人害怕，我真希望那些事情都沒發生過……雖然生命非常美好，但其實很艱難……我的一個朋友曾寫信說：『生命就像是要公開表演小提琴，你一邊過日子就要一邊練習這個樂器。』我覺得他說得真好。人一邊過日子，一邊就要學會一些事情，尤其是學會愛。」然後他激動地嚷道：「就是這樣啊，我的意思是說，妳愛的是喬治！」[2]

對於心事遭到揭露，露西感到震驚也抗拒承認，但她自己知道喬治的爸爸說得一點也沒錯。她一直在配合社會的期待，無視於自己心底的聲音，也會讓自己的人生陷於一團混亂。美國女作家艾麗・盧娜（Elle Luna）在她的《這就是我背叛自己的方式》（*The Crossroads of Should and Must*）也提出相同觀點；她這本書原本是極具創意的部落格文章，發表後獲得熱烈回應和轉貼。她說我們的生命就是一直不停地面臨抉擇的十字路口，那條「應該怎麼做」的道路通常是比較吸引人，卻讓人覺得空虛不滿足：「『應該』是別人希望我們該如何表現。我們應該怎麼想、應該說些什麼、應該怎麼做或不應該做什麼，這麼一大套都只是別人加諸我們的期待而已。」[3] 大多數人也會跟盧娜一樣做出那樣的選擇，因為這樣比較安全。露西・韓妮喬琪也準備這麼做：成為社會期待的代理人。

盧娜認為我們要拒絕那條「應該」的路，而走向忠於自己的「必須」之途：「『必須』才是忠於自己，才是我們所相信的，和最真實且最真誠自我單獨相處時想要做的。這才是我們的直覺，我們的飢渴和熱望，我們為之燃燒自我的東西和地點，從我們內心深處湧現的直覺。當我們不再順應別人的理想，開始傾聽自己的心聲，『必須』才會出現。」[4] 換句話說，「露西，選擇喬治吧！」不要再當社會期待的代理人，要成為自己的委託人。

「應該」和「必須」之間的緊張關係並非《窗外有藍天》才有，文學上有許多先例。

你可能也已經猜到，《金牌製作人》中的里奧．布魯姆就是來自愛爾蘭大師喬艾許（James Joyce）神作《尤利西斯》（*Ulysses*）的主角里奧波德．布魯姆（Leopold Bloom）。對於這個命名，梅爾．布魯克斯曾經提過兩種解釋（至少），比較輕鬆的那個是：「我不知道喬艾許對它有什麼感覺，但我覺得『里奧．布魯姆』一直都像是個頭髮捲捲的懦弱猶太人。」[5]

但其實跟那個詼諧打趣剛好相反，布魯克斯年輕時就是個文青，渴望成為小說家，一向熱愛文學。選用里奧．布魯姆這個名字，正是反映出他對文學的欣賞和自我實現的主題。布魯克斯認為：

在敘述的過程中，主要人物都會產生變化，都要經歷一些迫使他們學習和改變的經驗。所以里奧也會變，會開花（bloom）。他一開始只是個平凡小人物，遵從社會的指示……但里奧．布魯姆心底其實有個更複雜多變的自己，只是自己從來不敢碰觸，因為他不敢冒險。他本來是想老老實實地忍下去，打算就這麼渡過一生。直到他碰到麥克斯……他們兩個彼此催化改變……變化大到連這個老實的傢伙都想幹它一票，做檔必敗的爛戲來哄老太太，騙到兩百五十倍的利潤。[6]

布魯姆站在「應該」和「必須」的十字路口，而畢亞利史塔幫助他選擇了「必須」，還有所有伴隨的後果。生命的一部分就是要挑戰我們所受到的期待與賦予，這是為了找到自我。喬艾許在《尤利西斯》透過里奧波德．布魯姆說道：「這個名字到底是什麼意思？當我們小時候寫下那個說是我們的名字時，都會這麼問自己。」[7]我們只是遵循期待，擔任別人的代理人，像露西．韓妮喬琪、里奧．布魯姆和艾麗．盧娜所知道的那樣，或者是可以成為自己的委託人？我們可以為自己的名字創造出意義嗎？

自覺成為自己人生的建築師

在《金牌製作人》裡頭，撰寫《希特勒的春天》的劇作家是個明顯同情納粹的德國人，他很高興畢亞利史塔和布魯姆買了他的劇本，大家一起舉杯慶賀。他說要為「有史以來最偉大的人」[8]乾一杯，但是「隔牆有耳」所以要小聲說出來。劇作家小聲說「希特勒」，以為畢亞利史塔和布魯姆也會這麼講。結果畢亞利史塔說「麥克斯．畢亞利史塔」，而布魯姆說的卻是「佛洛伊德」（Sigmund Freud）。畢亞利史塔那一句很好笑，但布魯姆的臺詞有更深的含意。

我們會發現，梅爾．布魯克斯一直對佛洛伊德很著迷。他早期經常搬演的固定戲碼，包括和卡爾．萊納（Carl Reiner）合作的那些以及他在一九六三年獲得奧斯卡獎的精采短片《批評家》（*The Critic*）等，都有「精神分析」（psychoanalysis）的橋段。在描述他對畢亞利史塔和布魯姆的靈感來源時，布魯克斯說：「麥克斯和里奧其實都是我，我的自我（ego）和本我（id）。畢亞利史塔是強硬、狡猾、點子很多，愛講愛吹、很有野心，創傷後的驕傲自大。而里奧，是個神奇的孩子。」[9]

事實上，布魯克斯一直和自己的童年搏鬥，曾經接受心理治療好幾年。布魯克斯兩歲的時候，他父親就死了，他非常崇拜他母親，曾說：「要是能跟她一起裸泳，我也願意。」[10] 飾演德國劇作家的演員肯尼斯．馬斯（Kenneth Mars）記得布魯克斯談過自己的童年，說那是了解他的重要線索。布魯克斯告訴他，「『你知道嗎？我到兩歲的時候，腳都沒碰過地板，因為他們一直抱著我，大家輪來輪去，不斷地擁抱我、親我。』[11] 馬斯接著說：「我認為這是個關鍵：他給自己的形象就是那個永遠不老的孩子，能帶給你快樂的孩子。」

最後這種委託代理問題，是我們的童年經驗最後也會成為隱形的委託人，不管我們自己曉不曉得，都要為他服務。

參與《金牌製作人》的演職員幾乎個個都有非常複雜的童年，影響到他們後來的生活。《金牌製作人》的製作人的西尼．格拉齊爾（Sidney Glazier）也有一段痛苦童年。他爸爸早早過世後，他媽媽又跟另一個男的在一起，竟然付錢叫孤兒院把孩子帶走，後來電影就成為「我苦難生活中最美、最好的逃脫」[12]。但這些傷疤是久久難癒的。他的女兒解釋說，雖然他在「討好人方面是個天才」[13]，卻是「不可能跟他一起生活」，一輩子離了四次婚，在兩極化的「自毀傾向和求生意志之間來回擺盪」。另一位製作人，好萊塢大亨約瑟夫．萊文（Joseph Levine）也是個沒爸爸的窮小子，說他在成長過程中不記得「曾有哪天快樂過」，長大後常常在自己辦公室為客人表演魔術，那就是他自己從沒有過的童年。對於梅爾．布魯克斯的提攜之恩，金懷德常常叫他「爹地」，而布魯克斯自己早年也在綜藝節目「你的演出」（Your Show of Shows）受到席德．凱撒（Sid Caesar）的提拔，他們都把對方當做是代理父親。

當我聽到像這樣的描述時，也不知道這是心理學上的胡言亂語，或者是刻骨銘心的真實。我大學的時候讀過佛洛伊德，發現他的想法真是非常引人入勝。但後來讀到文學評論家佛雷德里克．克魯斯（Frederick Crews）的著作才徹底改觀，他說佛洛伊德那一套根本就不是科學。可是我後來還是會碰到那些觀念，而且聽起來蠻有道理的。我最近對同事抱怨另一個同事時（對，刻板印象是真的，學術界就是這麼雞腸鳥肚），甚至還引用了佛洛伊德的概念，我說：「他這樣子，大概就像是他小時候碰上的混蛋的吧！」我們開玩笑說，現在年紀越來越老，才知道小時候沒碰上那些爛事是多麼慶幸啊！然後又繼續講同事的壞話。

心理分析師史蒂芬．格羅茲（Stephen Grosz）的書《檢視人生》（*The Examined Life*）也讓我有一種五味雜陳的感覺。在這本薄薄的書裡，格羅茲提供了一些病患的小型個案研究和他們的問題。每個個案似乎都歸結到童年記憶或遭受到的不義對待，在成年之後自己浮現出來，這些童年經驗似乎都很珍貴，但它們「都是那個樣子」所以不可能是對的。不過那些都是他的病患的小故事，很有啟發性也很能喚起回響，你從那些描述都可以想見其人。

有一位「彼得」（Peter）是會在不知不覺中破壞自己友誼和人際關係的年輕人，在他的故事結尾，格羅茲總結道：「凱倫．白烈森〔Karen Blixen，也就是伊莎．丹尼森（Isak Dinesen），《遠離非洲》（*Out of Africa*）的作者〕曾說過：『所有的悲傷都可以承受，如果你能把它們說成一個故事。』，但是我們要是無法把自己的悲傷說成一個故事呢？如果反而是故事來說我們呢？經驗告訴我，我們童年所留下的，是我們永遠不知道該怎麼說的故事，因為沒人可以幫助我們找到那些字詞用語。當我們找不出方法說出自己的故事，那些故事就會反過來說我們，於是我們會夢見那些故事、會出現一些症狀，或是出現一些自己都不能理解的行為。」[14]

我認為這本書的教訓是我們成年之後的許多問題，其實都反映出孩童時代某些沒有獲得解決的經驗。成年之後，我們在不知不覺間變成那些潛藏經驗的代理人，花了很多時間才搞清楚，自己其實就是那些經驗的代理人，只是你一直都不知道。它最終要說的是我們要去探索自己過去的經驗，學著成為自己的委託人，而不是渾渾噩噩的代理人，自知自覺地成為自己人生的建築師。

愛麗絲・米勒（Alice Miller）在《幸福童年的祕密》（*The Drama of the Gifted Child*）所描述的典型大概就是最好的例子。在這本簡短的書中，米勒描述聰明、敏感的小孩碰上要求苛刻的父母時會發生什麼狀況。這些孩子都很會察顏觀色，非常注意身邊人的信號和需求，因為一直以來他們就是靠這個能力才能接收到關愛。然而等他們長大以後，反而無法把自己的願望和企圖投射到這個世界，因為他們已經習慣於滿足別人的需求。這樣的孩子長大以後會是模範代理人，熱烈追求成就的發動機，因為他們渴望獲得稱讚和誇獎。但是這樣的大人不知道怎麼當個委託人。因為他們從沒表達過自己的需求，他們會覺得非常沮喪，不知道怎樣才叫滿足，因為他們只曉得怎麼滿足他人的需求、怎麼完成別人的夢想。他們被困在代理人的角色之中，不知道怎麼成為委託人。然後他們的孩子又會重蹈覆轍，陷入跟他們一樣的困境。簡單地說，虎媽又會養出新一代的老虎爸媽。

不要一輩子當代理人

藝人的婚姻想必是相當複雜，一方面是藝人的自我性格相當強烈，何況又有媒體和粉絲的過度關注，我猜這都會讓事情變得更複雜。不過梅爾．布魯克斯和安妮班克勞馥（Anne Bancroft）結婚三十一年，直到班克勞馥在二〇〇五年過世，這一對才子佳人似乎是相當成功。班克勞馥是個演技精湛的女演員，以電影《畢業生》的羅賓遜太太（Mrs. Robinson）一角最出名，也曾在電影版和劇場版的《熱淚心聲》（*The Miracle Worker*）中飾演海倫．凱勒的老師，囊括奧斯卡和東尼獎。她的後半生除了演戲之外，也多次擔任過製作人和編劇。最厲害的是她竟然可以跟布魯克斯一起過了幾十年，這簡直可以封為聖人。

在談到寫作和演戲的不同，班克勞馥對劇場評論家肯尼思．泰南（Kenneth Tynan）說了下面這個小故事。「有一次彩排非常累，那天晚上我回來得很晚，而梅爾一整天都在家裡工作。我覺得自己好可憐，就哭著說：「演戲好難啊」。梅爾拿起一張白紙對著我，「這才叫難」他說。後來我再也沒抱怨過演戲好難。」[15]

這個小故事好像是可以揭示出一項重要事實，但也不致貶損演戲的藝術性。沒錯，要扮演別人創作的角色，成為編劇的代理人是很困難。但是要當個委託人，憑空想像、無中生有地創作整個故事更難。暢銷排行榜第七名的美國小說家西德尼・謝爾頓（Sidney Sheldon，他知道怎麼面對一張白紙！）大概也很了解梅爾・布魯克斯（或佛洛伊德）的感覺，他說：「一張白紙就是上帝在告訴我們，身為上帝是多麼困難。」創造出自我，這本身就是一項奇蹟。但幸運地，我們不必限定在七天之內學會當個委託人，不要一輩子當代理人。

第 5 章

沒有麵包的愛情最糟糕：
從企業合併看戀愛關係

對於真實描述華爾街的電影，我覺得還是要找比《大賣空》（*The Big Short*）和《華爾街之狼》（*The Wolf of Wall Street*）更早的電影。麥克・尼可斯（Mike Nichols）一九八八年的電影《上班女郎》（*Work Girl*）就生動地捕捉到華爾街最好和最壞的一面，性別歧視、勢利、自我放縱等缺陷一應俱全，但也強調才能、競爭和解決問題的喜悅。另外，你也可以一睹梅蘭妮葛里菲絲（Melanie Griffith）、哈里遜福特（Harrison Ford）、雪歌妮薇佛（Sigourney Weaver）和亞歷鮑德溫（Alec Baldwin）年輕時的風采，戲中那些服裝、髮型啊，可是只有一九八〇年代才有。

苔絲（Tess，梅蘭妮葛里菲絲主演）是來自史坦頓島的祕書，很想在高風險的併購業中大展身手。她的老闆凱瑟琳（雪歌妮薇佛）是典型的投資銀行家，穿著打扮一派貴族學院作風，但是做人傲慢、自私又不誠實。凱瑟琳和傑克（哈里遜福特）正在交往，他也是投資銀行家，但是個好人，工作努力，而且會為客戶著想。後來凱瑟琳在歐洲受傷，苔絲就開始代替凱瑟琳處理業務，她建議客戶特拉斯克實業公司（Trask Industries）併購傑克客戶的廣播電臺。所以傑克就碰上苔絲，但他不知道她其實是凱瑟琳的祕書。他們一起進行那件併購案，往來頻繁，兩個人就愛上了。等到凱瑟琳回來想破壞那件併購案，這時候特拉斯克和廣播電臺、苔絲和傑克，於公於私都是日久情深，牢不可破了。

有一場讓人難忘的戲：苔絲躲在衣櫃裡，而凱瑟琳正在勾引不願就範的傑克。可是凱瑟琳表達愛意，是那種只有投資銀行家才會有的方式。凱瑟琳苦苦等不到傑克向她求婚，就拉著他說：「我一直在想，讓我們合併吧！你跟我。親愛的，你想想：快樂先生和幸福太太！」這大概是你可以想像的最煞風景的求愛（跟柯林斯先生的求婚有拚），但也暗示著婚姻的結合與企業合併的過程有相似之處。

投資銀行家認為愛情和金融密切相關是不是想太多？爵士吉他手泰尼．格里米斯（Tiny Grimes）離開阿特．塔吞三重奏（Art Tatum Trio）後單飛，在一九四四年和查理．帕克（Charlie Parker）一起創作《咆勃爵士》（*bebop jazz*）的經典之作〈沒有麵包的愛情〉（*Romance Without Finance*）。但格里米斯的結論很清楚：沒有麵包的愛情是根本不可能。他唱道：「你要是沒錢，就不是我的……沒有麵包的愛情最糟糕。」這時候查理．帕克跟其他樂手也在後頭喊著：「兄弟你別開玩笑了！」和「根本就是個累贅！」這些歌詞可一點都沒在開玩笑。

五〇年後，搖滾樂團黎托菲（Little Feat）也發行了一首同名歌曲，但意思卻跟泰尼．格里米斯剛好相反，是屬於比較典型的浪漫觀點。黎托菲更溫和的歌詞直接挑戰格里米斯的說法：「金錢與愛情有什麼關係？……我的愛情一定比金錢重要。」

雷．查爾斯（Ray Charles）和肯伊．威斯特（Kanye West）的第一首熱門單曲也是一樣的針鋒相對。雷．查爾斯在一九五四年從福音歌〈這一定是耶穌〉（*It Must Be Jesus*）擷取素材，創作了一首〈我找到一個女人〉（*I Got a Woman*），用全新方式把神聖和世俗混在一起。那首歌讚美一個女人的純潔愛情，他唱說：「我需要錢的時候，她就給我錢。真的啊，她真是個好朋友。」五〇年後，肯伊．威斯特就像黎托菲一樣，也把雷．查爾斯的第一首熱門單曲當素材做了一首新歌，完全顛覆原曲奇特又浪漫的觀點。

這首新歌的開頭是找來傑米．福克斯（Jamie Foxx）模仿雷．查爾斯唱那首歌，但是歌詞換了幾個字，變得比較有警世意味。福克斯唱說：「我正缺錢的時候，她把我的錢拿走。真的啊，她真是個好貧友。」幸虧肯伊也不是那麼憤世嫉俗，後來的歌詞就試著把愛情和金錢兩個相對的觀點融合在一起。他一再以雷．查爾斯〈我找到一個女人〉的甜美感配上自己殊為警世的歌詞。在原本的歌詞中，傑米．福克斯／雷．查爾斯深情唱著當他需要錢、她就會給他錢，而肯伊則是加上自己的警世故事，說她可能是個「淘金妹、拜金女」（gold digger）。

在某些時候，我們可能會選擇相信雷．查爾斯和黎托菲的甜美情懷，不過對於泰尼．格里米斯和肯伊．威斯特的現實看法也會有共鳴。關於金錢和愛情的深刻關係，歷史好像是站在格里米斯和威斯特那一邊。從文藝復興時代佛羅倫斯的嫁妝融資、羅斯柴爾德家族（Rothschilds）的興起，到汽車工業開始發展和網際網路初期階段，愛情一向是跟金錢難分難捨。金融在企業合併方面，長久累積下來的民俗習慣與智慧，也能為愛情關係的成立條件提供一些冷靜看法。

婚姻是經濟利益的結合，歷史常見

為了探索金融、愛情、婚姻和併購之間的關係，我走訪了愛恨情仇金錢欲望最是彰明之處，文藝復興時代的中心，十五世紀的佛羅倫斯。雖然很多人都覺得義大利是個充滿激情和浪漫的地方，但他們都忽視了現代銀行業正是起源於中世紀和文藝復興時代的義大利。義大利北部城市諸如熱那亞（Genoa）、盧卡（Lucca）和最重要的佛羅倫斯都是我們現在稱之為「銀行」的發源地。現存歷史最悠久的銀行也是在那附近的義大利西恩納銀行集團（Monte Dei Paschi di Siena），最近才剛慶祝開業五百五十周年。而最重要的麥地奇銀行及其家族主導文藝復興時代的佛羅倫斯，在許多方面都是促成文化覺醒與演進的主要推手。

當我前往佛羅倫斯現代化的國家檔案館時，清楚地看到佛羅倫斯的浪漫氣氛在各個角落都被金融所強化。我從彼提宮（Pitti Palace，這裡曾是麥地奇公爵科西莫一世的故居）走過維克歐老橋（Ponte Vecchio，這條橋就是光彩奪目的瓦薩里走廊的一部分，讓麥地奇家族跨越阿諾河的時候也不必跟平民百姓混在一起），到達烏菲茲博物館（Uffizi，這也是麥地奇家族所建），再穿過領主廣場（Piazza della Signoria，這裡就是當時的統治機構，大多由麥地奇家族控制。他家的石獅子到現在還俯看著廣場呢），最後抵達聖十字聖殿（Basilica of Santa Croce，麥地奇家的私人教堂）。

我到達的目的地是佛羅倫斯國家檔案館，原來在烏菲茲博物館裡頭，現在那些檔案都搬到一九八〇年代建造的棕色大樓：笨重粗陋，外露的樓梯是醜醜的鐵鏽色。就算是義大利人在一九八〇年代也會做出這麼糟糕的風格選擇啊。同意與我會面的是慷慨大方的檔案管理員法蘭綺絲卡・克萊恩（Francesca Klein），她熱心安排這趟十五世紀的佛羅倫斯之旅，其中最能巧妙彰顯金融與愛情深切關聯的，就是當時的「嫁妝基金」（Dowry Fund），原名叫做「嫁妝之山」（Monte delle doti）。

我們先看了幾封史多奇家族的私信。他們當時在佛羅倫斯也是首富之一，因為財勢雄厚遭到妒視，家中男人都被麥地奇家族流放外地。留守家鄉的女族長阿麗珊德拉

（Alessandra）寫了很多信給她兒子菲利普（Filippo），討論他妹妹卡特琳娜（Caterina）和她前途難卜的婚姻。法蘭綺絲卡解釋說，當時的大家族都很重視婚姻，因為這是商業家族擴展事業、鞏固財勢的重要關鍵。事實上，婚姻就是結盟。

法蘭綺絲卡說，當時芳年十六歲的卡特琳娜的婚事特別有問題，因為家人都流亡在外，家族名聲大不如前。但阿麗珊德拉最後喜出望外地寫道，她跟馬可・帕倫特（Marco Parente）已經要訂婚，也準備了一千個弗洛林金幣（florins）的嫁妝。娘家付給夫家的嫁妝是當時佛羅倫斯重要的社會禮俗，法蘭綺絲卡拿出很多古老的檔案給我看，上頭都是十五、十六世紀佛羅倫斯的嫁妝紀錄。

因為大家對於婚姻與嫁妝重視，再加上一些其他條件，產生了當時的「嫁妝基金」。這個算是古早時代金融工程的壯舉，主要是想解決三個看似無關的問題。首先，當時因為瘟疫的關係，適婚女性的人數大幅超過適婚男性，讓女孩的爸媽們對於未來的婚事憂心不已。正因如此，嫁女兒的價格，也就是嫁妝隨之快速飆揚，讓那些爸爸和女兒們要承擔更大風險。要是沒有足夠的嫁妝，女孩往往被送進修道院孤獨終老，要是連修道院也進不起，恐怕會淪落風塵。例如：在法蘭綺絲卡展示的嫁妝紀錄上可以看到，有位瑪德蓮娜小姐嫁給一位保羅先生，陪嫁是八百三十三個弗洛林，還有一位瑪格莉塔小姐進了修道院也要付五十個弗洛林。那時候萬一在婚配市場上遭遇挫折，後果可是不堪設想。

嫁妝價格越來越高，兒女婚事難卜，這就引發了第二個嚴重憂慮。由於嫁妝變得越來越重要，男方反而更擔心從新娘家拿不到豐厚嫁妝。事實上有紀錄顯示，有幾位新郎等了好幾年，女方才付清嫁妝。後來佛羅倫斯因為跟米蘭和盧卡打仗而債臺高築，財政困難已達動搖國本的地步。

正是因為嫁妝價格不確定，新郎對於圓房之後能不能拿到嫁妝感到焦慮，又碰上政府財政不穩等因素，才催生了嫁妝基金的成立。

佛羅倫斯政府在一四二五年成立「嫁妝之山」。公民可以在女兒滿五歲時以固定利率借錢給政府，十年後女兒長大嫁人，再把這筆錢連本帶利領出來（所以「到期收益」（yield to maturity）可謂實至名歸；「maturity」即指「成年」）。但是這個帳戶裡頭的錢，只能在女兒結婚圓房之後，才會由政府直接支付給新郎倌。藉由這種方式，政府找到一個有力的融資工具，而老爸們可以零存整付又有豐厚利息，可資防備嫁妝行情的膨脹，而新郎倌則獲得政府支付的保障，不怕岳家食言拖欠。

說到金融創新啊，我看了法蘭綺絲卡拿出來的很多關於婚姻和嫁妝的信件以後，對於我們現代為女兒考慮的只有教育基金而非嫁妝基金，真是感到太欣慰！

不過「嫁妝之山」一開始也很失敗，只有兩個爸爸參加。利率雖然高達一一%，吸引力還是不太夠，更糟的是根據合約規定，萬一女兒夭折，老爸的本金也會被沒收。那時候的死亡率又高，這對那些焦慮的老爸們來說，可不是一筆好買賣。但是政府財政壓力山大，最後在一四三三年還是修訂了合約，允許存款戶在女兒不幸夭折後可以拿回投入的本金，而且利率也提高到二一%。

後來嫁妝基金就受到民眾的歡迎了，成為十五世紀佛羅倫斯的主要融資方式。當時佛羅倫斯的人口才五萬多人，但一百多年來總共開設了將近二萬個帳戶。有些藝術史學家猜測，本章開頭那幅范艾克（Jan van Eyck）描繪婚禮的名畫〈阿諾菲尼畫像〉（Arnolfini Portrait），其實說的就是跟該項基金有關的嫁妝支付。

但是這種方式最後證實還是不行，跟許多政府資金的交易一樣不太牢靠，不得不進行重整，而且還重整了好幾次。不過嫁妝之山所發揮的作用還是明確的。觀察家們指出這個基金是「我們稱之為『城市』這個機構的核心」[1]，而且認為要是沒有這個基金，佛羅倫斯就會被「摘除」[2]（也就是被對手超越）。除了成為十五世紀佛羅倫斯延生續命的妙方之外，嫁妝之山其實還扮演著更多角色。研究嫁妝之山的著名學者朱利斯・基希納（Julius Kirshner）和安東尼・莫羅（Anthony Molho）即表示：「嫁妝基金鼓勵門當戶對的婚姻，這是有助整個統治階級繼承祖產、防止流散的重要制度工具。」[3]

意思是說，嫁妝基金讓菁英分子在自身階層內進行嫁娶（門當戶對），豐厚嫁妝不致落入外人之手，確保菁英階層的財力得以延續，不會因兒女婚嫁而稀釋。這些學者指出，相對於其他城市國家菁英階層的旋起旋落，嫁妝之山正是佛羅倫斯當權派得以長治久安的原因。

嫁妝基金鼓勵所謂的「選型婚配」（assortative mating），以身分階級相當者做為結婚對象，而非隨機選取。所以菁英家族可以通過婚姻相互結盟，來鞏固雙方權勢。婚姻實際上是門閥氏族的合併，而嫁妝之山就成為雙方進行結盟的融資機制。

事實上，把婚姻當做是經濟利益的結合，在歷史上可是很常見。最明顯的是一些以權力考量的皇室通常就是以此看待婚姻。法國人所說的「王者的選擇」（choix du roi）也是反映出這樣一種觀念：先生下一個兒子，再來一個女兒，才是法國國王喜愛的選擇。先有兒子確保皇室血脈後繼有人，再來個女兒則是進行策略結盟的有力資產。

門當戶對，讓收入不均惡化

麥地奇之後最重要的金融世家，羅斯柴爾德家族對於婚姻也是抱持同樣觀點。不過羅氏家族在婚姻變得更加浪漫的時代，自也選擇了一條不同的道路。雖然大家族都很看重門當戶對的必要，但羅氏家族卻做得更徹底。從繼承家傳古董店出發，開拓出十九世紀最大銀行帝國的梅爾·阿姆謝爾（Mayer Amschel）也是靠自己的婚姻獲得助力。他娶了一位宮庭代理人（court agent）的女兒，老丈人是幫當地貴族進行金融交易的重要人物。歷史學家佛格森（Niall Ferguson）指出：「除了跟她爸爸建立關係之外，這個婚姻還為梅爾·阿姆謝爾帶來重要的新資金，陪嫁過來的是二千四百個基爾德金幣（gulden）。這是羅氏家族一連串精打細算婚姻的第一個，不但為日後的家族繁榮奠下基礎，也靠它爭取到皇室任命，晉身為宮廷代理人。」[4]

在擴張金融版圖的關鍵階段，羅斯柴爾德家族從皇室婚姻的例子受到啟發，熱衷於近親聯姻的程度可說是空前未有。從一八二〇年代開始，羅氏的家族內聯姻大概將近二十次，大多是叔叔娶了姪女，這種親上加親的婚姻確保羅氏五房分支的權力和財富都能緊緊團結在一起，不會因為和外人結婚而稀釋、分散。簡單一句話，就像佛格森說的，他們的標準顯然就是「只有羅斯柴爾德家族的人才會真正心向家族。」[5]

等到一八三九年漢娜・梅爾（Hannah Mayer）選擇家族之外的人結婚馬上引發激烈反應（簡直就是十九世紀愛情小說的情節直接搬演啊），這是為了確保整個家族都能清楚理解這個訊息。當時的羅氏家族領導人之一詹姆斯（James）寫信給他的兄弟說：「我和家族其他成員教養小孩……從小就告誡他們，只能跟家族裡頭的人談戀愛，他們彼此愛慕、忠誠，就不會想跟家族以外的人結婚，財富才會留在家族裡頭。要是他們看到（漢娜）之後沒有受到懲罰，誰能保證說我的孩子會照我說的做呢？」[6]的確，家族內的近親聯姻才不會像布登勃洛克家族（Buddenbrooks）和大多數家族企業那樣走向分裂和衰敗，而羅斯柴爾德家族也確實靠這個辦法繁榮興旺了好幾代。

你要是以為把婚姻當做是經濟利益的結合，只是遙遠的過去、某些皇室王族或權貴家族（比方說羅斯柴爾德）才會有的情況，可以再仔細想一想。在針對泰國商業菁英婚姻狀況的精采研究中，有幾位泰國學者發現，那些比較依靠人脈、靠關係的家族企業（例如：營建業），他們的孩子也幾乎都跟類似的家族聯姻結親。而且這麼做的話，還能馬上獲得回報。當菁英家族企業的子女結婚，宣布喜訊互結親家時，這些家族企業的股票馬上就大漲。要是他們跟「普通人」結婚的話，股價可不會有慶祝行情。

這也不只是亞洲文化而已。現代美國人結婚所挑選的對象，也越來越偏向財力相當的人。事實上最近收入不均的狀況逐漸惡化，其主要原因之一就是「選型婚配」的觀念再度復甦。由於婚姻兩造的收入水準和教育程度越來越接近，經濟實力也會越來越集中。有些統計估算數字指出，要是婚配對象跟一九六〇年代一樣趨向隨機的話，過去五十年來家庭收入不均的問題大概不會有太大的惡化。換句話說，這不僅僅是尼琪．希爾頓（Nicky Hilton）嫁給詹姆斯．羅斯柴爾德（James Rothschild）而已，我們每個人也都在同樣的社會階層、同樣的教育程度裡頭尋找對象。你可以翻翻《紐約時報周日版》（*Sunday New York Times*）的豪門結婚新聞版面，金融界說它差不多也是企業併購版，這種豪門聯姻其實也可以像《魔球》（*Moneyball*）那樣分析球員，因為門閥大族的家世系譜也是可以量化分析的。

正因為結婚跟企業併購差不了多少，所以金融的智慧也可以在我們的愛情生活派上用場。在金融方面，成功合併的決定因素就是一個「麵包與奶油」的問題，事實上，我們也會看到，商業社會中的愛情與婚姻的種種激盪和騷動也是肇因於此。我們對於企業併購的對或錯也知道了不少，而這些智慧說不定也可以幫助我們理解婚姻。

開心結縭，卻痛苦離婚

企業併購與婚姻之間的類似，可是再明顯不過了……（此時畫面波浪狀淡出，浪漫的音樂響起……）

某年某月的某一天，在愛戀之都巴黎，我們那兩個戀人第一次相遇。這是一個典型的「老少配」（May-December）戀情的開始。兩個有情人相差了二十歲，很多人會覺得這根本是不同世代。我們這位「十二月」有過兩段複雜婚姻，在年歲逐漸老大，不曉得自己還有幾年的迷惘中，邊思索著這一生到底意義何在，又渴望著重新品嚐美好青春。而我們的「五月」正是盛景華年，魅力達於巔峰之際。過去十年來，他在社交場合熱力四射，往往都是眾人關注的焦點。可是五月知道自己的青春有限，他也想找個年紀比較大的人，尋求地位和一份安定。

一開始是五月緊追不捨，追十二月追到北京去，好為自己製造街頭「巧遇」的機會。後來五月很快就知道自己要更直接一點，他在紐約的餐廳訂了一間包廂，可以讓他們分享一些過去的歷史和對於未來的想法。發現彼此擁有共同價值觀做為基礎以後，五月不再迂迴繞進假惺惺，直接就大膽示愛求婚，十二月欣然同意，那時候距離他們在巴黎首次相遇才兩個月，彼此見過三次面而已。

對於這個突然的決定，兩人各自的家族都感到震驚，但幾位親密家人迅速團聚，在五月家中慶祝他們兩人訂婚，還開一瓶一九九〇年份拉卡斯雷翁酒莊（Château Léoville-Las Cases）的紅酒。幾天後這個消息就上了《紐約時報》，傳遍各個社交場合。這是十年來最受矚目的婚禮，搞不好是本世紀最受關注的一次！

然而兩人之間的裂縫很快就出現，只是公眾期望太大，所以這些小事也沒能阻止他們的腳步。十二月不必費力探查五月的過去，就發現他並未信守某些重要承諾，實在不好溝通。但是他們決定結合的喜悅，掩蓋住所有警告信號。等到結婚以後才幾個月，兩人就有點走不下去了。五月刻意隱藏自己背景中不太讓人高興的那一面，也覺得十二月的行事做風實在是老態龍鍾。而十二月對五月的放浪青春，比他原本所想的更難以恭維，而且老實說也消受不起。那股天雷勾動地火的浪漫愛情很快就消失了。短短一年後，兩人的結合明顯陷入困境，但就跟所有不快樂的夫妻一樣，他們還是苦苦掙扎，在泥沼中蹣跚前行，結果拖了八年才離婚，終於畫下句點。對於他們在愛戀之都相遇的那一天，五月和十二月都感到懊悔不已。

這場旋風式的浪漫、衝動結婚後又很快熄火的愛情，其實就是二〇〇〇年美國線上公司（ＡＯＬ）和時代華納公司（Time Warner）合併的過程，只是我把它說成像個童話故事，不過真實狀況也就是這麼戲劇化。我們的「十二月」就是時代華納的傑利・雷文（Jerry Levin），而「五月」是美國線上的史蒂夫・凱斯（Steve Case）。除了兩位當事人的年紀差距之外，這兩家公司還真的是不同世代的產物。美國線上在過去十年快速成長，擁有兩千萬個用戶，完全展現出網際網路的魅力和引人遐思的種種可能。時代華納則是傳媒產業的老牌正宗，擁有許多珍貴資產，但對於網際網路這種新玩意卻不甚了了。

美國線上和時代華納這個併購案可真是十分巨大，兩家公司的淨值加起來將近三千五百億美元，說起來還真有點神奇。創投資深老兵羅傑・麥克納米（Roger McNamee）當時就嚇到有點喘不過氣來：「老實說，這是我畢生僅見，改朝換代的大事啊！」[7]而公司十年前被雷文收購，最愛誇大其詞的企業家泰德・透納（Ted Turner）也是時代華納的董事，擁有九十億美元的持股，當被問及是否難以投票支持合併時，透納說：「我會跟四十二年前第一次做愛時一樣的熱情！」[8]

到一切已成定局，各方觀點也都變了。痛失大筆財富但不失浮誇本性的透納說：「時代華納和美國線上的合併，也應該像越戰、伊拉克和阿富汗戰爭一樣列入史冊。這真是我們國家遭遇的最大災難之一。」[9]而兩家公司最有能力的經理人傑夫・比克斯（Jeff Bewkes）說得比較溫和：「這是企業史上的最大錯誤。」[10]不管你怎麼算，這場併購燒掉兩千億美元的股票市值。雖然這麼說並不能安慰美國線上－時代華納合併後慘遭橫禍的股東和員工，但有些人指出，其實企業合併很多都以失敗收場。美國線上－時代華納只是這個最常見錯誤的代表而已。

一場婚姻災難的劇本

那麼美國線上和時代華納這場婚姻到底出了什麼問題？幾乎是從頭到尾都有問題，而且，事實上這些錯誤簡直就像是從金融界對於併購成敗的老生常談中照本宣科地上演。不需要做多少更動，美國線上－時代華納的錯誤也能看做是一場婚姻災難的劇本，你只要把其中的角色從公司換成是人，大概也能看出其中奧妙。

1. 切實調查非常重要：必須在事前針對目標企業的財務和營運狀況進行詳盡的搜檢調查，但時代華納公司在這方面根本做得不夠，後來就發現做假帳的情況相當嚴重。這種做假帳的惡劣歪風是美國線上公司太過積極的業務文化帶來的結果，又碰上一九九〇年代中期公司的高速成長開始緩和，有些部門只好做假帳粉飾太平。況且企業準備把自己賣掉的時候，財務報表通常都會灌水。這時候只有盡責地切實調查才能避免代價高昂的錯誤，美國電腦大廠惠普公司（Hewlett Packard）就曾因此吃足苦頭，花了一百一十億美元買下英國軟體開發商「Autonomy」，結果發現它甚至連十億美元的價值都沒有。

2. 想要填補組織上的缺漏，並不算是併購策略：對於數位媒體時代的到來，雷文一直是很努力在適應，因此更想一步到位地趕上快速進步的科技變化，扭轉落後的劣勢。要在原有的公司內部建立這種能力，通常是滯礙難行，而且也沒有適當的資源可以持續。所以雷文才願意押寶併購美國線上，想要填補組織上的缺漏。

3. 要是為了搶時間倉促決策，很可能導致糟糕的結果：雷文在時代華納的任期就快結束，所以他有時間上的壓力。而凱斯知道網路股的天價遲早要崩盤，這也是時間問題而已。因此雙方沒有對外尋求多少建議（從自家公司或其他顧問），就衝動決定合併兩家公司。

4.「綜效」（synergies）常常是誇大其詞：併購案中常標榜「綜效」，這是說兩家企業合併之後，併購方提升營收或壓縮成本的能力即可創造價值。因為合併之後得以快速改變另一家公司的體質，就能創造出很大的價值，這種「一加一等於三」的想法當然很吸引人。對於美國線上和時代華納來說，雙方可以共享內容，這是推展交叉銷售（cross-selling）的好機會。但是因為企業文化及行銷上的種種原因，這些機會從來沒有實現。就許多方面來看，美國線上和時代華納後來也一直都是獨立個體，從沒出現合併後的共同成長。

快速改變體質以發揮協同作用的幻想，往往伴隨著浮誇言詞和高亢情緒，因此讓人看不見即將到來的挑戰。合體後擔任執行長的迪克．帕森斯（Dick Parsons）就是個生動的例子。被問到兩家企業合併時，他說：

我們要把時代華納所有內容結合起來，我們需要創造出一個統一的平臺，把所有驅動力集中起來。並不是說融合不只是縱向整合而已，但我們現在有這麼多東西，就要把它們全部揉成一個。這次的合併是要創造出一個真正的縱向整合，塑造出進攻和防禦上的巨大力量，不僅是保護我們的營運方式和內容傳送方式，而且更是朝向未來這個逐漸聚合的世界邁進。[11]

很會講。

5.……而且整合成本通常也太過低估：在進行併購交易時，銀行所做的預測通常看不到實際合併時的艱辛。要整合總部、合併營業部門、統一協調後端支援，說起來都很簡單，但做起來不但成本高昂，而且所需時間也比大家預期的還久。美國線上和時代華納一開始就預示前途多舛，他們連兩家公司的電子郵件系統都整合不起來，遑論其餘。可知未來的整合會有多痛苦。「不合理的期望就是你的敵人」就是這個意思。

6.不對稱的合併很容易，但價值有限；企業規模對等的合併則是非常困難，但可能很有價值：企業合併如果是大吃小，像是用螺絲拴上新配備一樣，那很簡單。因為主導方可以直接強制改變或進行裁減，但是這樣並不能創造出多少價值。如果是規模相當的對等合併則非常困難，因為所有的決定都要一起完成，若不一起完全又做不到「一加一等於三」。但美國線上和時代華納卻是全世界最糟糕的狀況：美國線上一直以為合併應該是由它來主導，結果併購交易才剛完成，科技股就大崩盤，時代華納反而變成主導方。

7. 不斷進行併購的企業可能有問題：雷文之前就操作過金額龐大的華納兄弟（Warner Brothers）和透納廣播公司（Turner Broadcasting）併購案，現在這是第三次了。連續進行不對稱併購，收購方不但操作容易，可能也真的可以學到一些東西，讓他們在這些交易中變得更有效率。但像雷文那種接二連三進行大規模併購案的人很可能沉迷在追求歷史定位的亢奮中，卻對併購後的真正挑戰和實體合併的管理問題完全沒有興趣。

8. 畢竟這都是跟企業文化和執行有關的問題：對於併購要處理的種種金融問題，從業者都會告訴你，企業文化和執行會決定一切。迪克・帕森斯曾說美國線上和時代華納「就像是不同的物種，事實上是天生敵對的物種」[12]。一開始推動合併的誘因如交叉銷售和協同作用的機會，其實就反映出兩家企業在文化上差異很大。而且還不只是文化差異而已，好像也沒人願意承擔合併之後的艱鉅任務和艱苦過程。美國線上和時代華納在二〇〇九年終於分手時，史蒂夫・凱斯在推特發文說：「愛迪生說：『沒有執行的願景就只是幻象』，大概就可以總結美國線上和時代華納：領導失敗！（包括我自己）。」[13]

美國線上和時代華納公司的結合失敗足以做為併購案的警示，也具體展現出合併與婚姻走上岔路的情況，但是還留下了許多更深刻的問題尚未找到答案。一開始到底為什麼要合併呢？到底兩家不同的企業在什麼時候可以把業務整合在一起，或者是只要單純地彼此做買賣就好？以金融財務來說，這是所謂「企業界限」（boundaries of the firm）的問題。我們在什麼時候應該為組織畫定明確界限，以清楚界定客戶、競爭對手或供應商是界限之內或之外呢？用這種觀點來看，就會很明白地知道，除了併購之外總有其他的辦法，例如：針對某些業務和外部廠商簽定合作契約就好。要是那些事情可以找到簽約包商來提供服務，你又何必一定要將之納入旗下或合併在一起呢？

我現在把這個問題放進個人生活的場景中，來看看我們日常的交通需求。除了利用大眾運輸工具之外，我們怎麼滿足交通需求呢？你今天早上起床後，使用「Uber」叫車，當場下單。使用「Uber」不必會員費，我們可以立即決定要不要交易，所以這算是現貨市場交易。另外，你可以跟汽車經銷商簽訂十二個月的租車契約。那輛車雖然不是你的，但你可以在某些條件下自由使用，例如：行車里程限制。最後你也可以真的買輛車，完全控有這項資產。所以你可以看到，當我們需要另一方提供服務時，其實是有一連串不同選擇的連續體，以交通運輸來說就有現場叫車、簽約租車以及直接買車。

概略地說，現貨市場（Uber）、簽約（租車）與合併（汽車所有權）的這種連續體，也可以對應到個人生活中的約會程式 Tinder、同居和結婚。雖然結婚也不是就此「擁有另一個人」，但也是跟另一個人的生活相結合，而這跟畫分企業界限的道理是一樣的。

那麼我們在什麼時候會做出什麼選擇，而且為什麼要那麼做呢？通用汽車公司（General Motors）和費雪車體公司（Fisher Body）在一九一〇及二〇年代的歷史，對於經濟學家來說，就像是把《安娜・卡列尼娜》（*Anna Karenina*）、《米德鎮的春天》（*Middlemarch*）和《簡愛》（*Jane Eyre*）混而為一，是個足以說明求愛、承諾、婚姻和愛情本質的經典故事。

為了方便才結婚

通用汽車在一九〇八年成立後，在一九一〇年代持續併購好幾家汽車公司，其中包括後來成凱迪拉克（Cadillac）和雪佛蘭（Chevrolet）的製造團隊。在這段期間，他們從許多供應商那裡購買汽車車身（就是車子的骨架），其中有一家就是費雪車體，由費雪兄弟經營。

費雪車體在一九一〇年代迅速成長，成為凱迪拉克的獨家供應商，到了一九一六年產量已達三十七萬輛。

在一九一〇至二〇年代，汽車的車身一直在變化，當時原本的木造車體先是外層包覆金屬皮，最後又變成整個車體改由金屬製造。木質車體做起來比較簡單一點，但金屬車體可就不一樣囉，而且不同款式的車子也都要有不一樣的金屬車身，不像木質車身那樣比較容易改裝換型。因此車體製造商很快就必須針對特定車型投資開發金屬模具和設立工廠。到了一九一九年，開放式金屬車體（你可以想像成敞篷車或福特T型車那樣）正逐漸被封閉式金屬車身所取代，通用汽車公司就需要費雪車體投入大量資金來生產這些新車的車體。

車體製造技術的變化也帶動費雪和通用汽車之間的關係變化。在此之前，通用汽車基本上就是在現貨市場上和費雪車體做交易，根據它的需求來採購車身。但是在一九一九年，通用汽車和費雪車體簽訂了為期十年的採購契約，而且通用汽車公司收購費雪車體六〇%的股權，但還是由費雪兄弟繼續經營該公司。這個採購契約主要有兩大條款：通用汽車承諾收購費雪生產的所有的封閉式金屬車身（「獨家採購」條款）；費雪保證價格是製造及運輸成本加上一七．五%的利潤，或者是比照費雪給其他車商類似車款的車體價格（「價格保障」條款）。

到了一九二〇年代中期，封閉式金屬車體廣受大眾喜愛，已然占據整個汽車市場的三分之二，遠遠超出通用汽車的預期，而費雪車體在封閉式車身也拿下五〇%的市場。這時候通用汽車希望費雪可以到裝配現場佛林特（Flint）開設專用工廠，因為通用汽車現在可以操作大規模生產，如此即可減少運輸成本並進而降低平均成本。

但是對費雪而言，沒有改變的誘因；事實上，他們還更喜歡原來的方式。因為根據價格保護條款的規定，車體製造及運輸成本越高對費雪是越有利，而通用也必須根據獨家採購條款向費雪購買。到了一九二六年通用汽車已是忍無可忍，決定兼併費雪，成為組織內的一個部門。

就像喬治．艾略特（George Eliot）小說每年都會吸引書迷參與眾多讀書會，熱烈討論她的作品一樣，通用汽車與費雪車體合併的歷史也一直讓經濟學界著迷不已，衍生出許多分歧看法。關於這段歷史的各種不同的解讀，已經耗費掉許多墨水，也帶著滿滿的學術界典型的尖酸刻薄。事實上，《法律與經濟學雜誌》（*Journal of Law and Economics*）還曾經特別發行專刊，蒐羅這樁合併案各種不同的說法與解讀，據此可以看出經濟學家對於奇聞軼事的喜愛。雖然大家提出不計其數的說法，但這段從現貨市場交易、長期契約最後進展到結合為一的浪漫愛情，主要有兩種解釋。而且這兩種解讀——交易成本法和產權法——也都與諾貝爾獎有關〔一九九一年的羅納德・科斯（Ronald Coase）和二〇一六年的奧利弗・哈特（Oliver Hart）與班特・霍姆斯壯（Bengt Holmstrom）〕，所以這也算是學術界的拳擊大賽。

對於通用汽車在一九二六年合併費雪車體，很不浪漫的解釋是說，因為雙方繼續簽約的成本太高。是的，他們可以繼續維持獨立，但也要繼續簽約、繼續談判訂定契約，可是要完成這些契約的成本已經太高了，要是雙方合併，就不必再一直擬定新契約。就某個程度上，是為了避免一直擬定這些巨細靡遺的契約，才促成雙方合併為一。

簡單地說就是，我們要是住在一起，何必花兩份房租呢？我要是依在你的健保帳戶裡頭，這樣不是省多了。萬一你要是出了什麼事，政府也會承認我的權利。為了避免各自獨立與持續簽約的種種麻煩和磨擦，使得公司決定超越簽約發包而走向合併。總之，這是為了求方便才結的婚。

聽起來更有道理也更浪漫的解釋是說，費雪車體和通用汽車之間的關係日益密切，所以雙方對彼此的承諾也必須跟著升級。為什麼通用汽車和費雪車體在一九一九年只是先簽訂長期採購契約呢？因為金屬車體日益發展，表示費雪必須投資新廠，而這是只適用於通用公司的車款，如果是木質車體的廠房則是各家同業都會利用到。經濟學家稱之為「關係特定性投資」（relationship-specific investment），我可不是在說笑。但費雪會擔心，蓋了這個工廠以後，通用汽車對費雪將具有予取予求的優勢。所以最早那份契約的獨家採購條款，就約束了通用汽車的優勢，必須全數收購費雪生產的金屬車體。

通用汽車也會擔心簽約後，費雪會利用獨家採購條款來收取過高的價格，所以價格保障條款就是確保費雪不會因此漫天要價。總之，當他們越來越需要對方時（隨著金屬車體的發展讓他們的關係比過去木質時代更為密切），就必須提升相互之間的承諾以確保雙方充分受益於彼此的關係。以經濟學術語來說，就是由於關係特定性投資的存在，雙方必須簽定長期契約才能確保共同盈餘達於最大，不能再像過去只是在現貨市場做交易，各自為政。

但後來事情變得複雜了。因為原先簽定的契約並沒有預料到金屬車體的需求會增加到那麼大。而且這份契約對費雪還有一個奇怪的誘因：如果他們的勞力及運輸成本越高，反而可以得到越多的報酬。所以他們才不想去通用汽車附近開設更有效率的工廠。簡單地說，就是契約無法預見後來的所有狀況，必定是不夠完整。其實「不夠完整」也正是契約的本質。我們無法預想每一個可能性，而這種「不完整」的本質就表示，在許多狀況下雙方更需要相互依賴，所以必須合併，光靠不夠完整的契約是不行的。

當彼此依賴達到某個程度，這種合併就會發生，此時必須犧牲掉某一方的誘因來合為一體。費雪要再向前一大步，進行完全的關係特定性投資（在通用總部佛林特的旁邊設立車體專用廠），就需要一定程度的確定性和承諾，但這不是不夠完整的契約所能涵蓋的。然而這個向前一大步和伴隨而來的投資，可以為雙方創造更大的共同盈餘。只是踏出這一步所需要的信心，只能靠合併才行囉。

這次的合併非常成功，費雪兄弟繼續和通用汽車合作了二十年。通用汽車執行長史隆（Alfred P. Sloan）即認為，在他們和福特的競爭中此一合併是「決定性」的關鍵。此後幾十年通用汽車蓬勃發展，成為全球最大的汽車公司。事實上，一直到一九八〇年代初期，通用汽車仍然標榜「車體由費雪製造」做為宣傳重點。我認為這樣來解釋的合併比較好，並不是為了方便才結婚，而是為愛而結合成一體。

從此以後他們過著幸福快樂的日子。

沒一起解決問題，關係反而破裂

當然不是所有的汽車業浪漫史都發展得如此功德圓滿。一八九六年亨利・福特（Henry

Ford）才剛開發車款原型時，哈維・凡士通（Harvey Firestone）提供了第一款充氣輪胎。凡士通輪胎公司（Firestone Tire）在一九〇〇年設立，福特則在一九〇三年創辦福特汽車公司（Ford Motor），此後他們一直緊密合作，凡士通也馬上獲得傳奇車款，福特T型車（Model T）的輪胎採購長期合約，這款車子從一九〇九年到一九二七年總共賣出一千四百七十萬部。

此後兩人不管是在公誼或私交上都持續加溫，曾在一九一〇年代中期一起到加州勘查設廠地點，後來就在洛杉磯彼此鄰近之處設立大型廠房。當時美國工業界公認的三位領袖，湯瑪斯・愛迪生（Thomas Edison）、凡士通和福特時與博物學家約翰・巴勒斯（John Burroughs）往來頻繁，號稱「四個流浪漢」（Four Vagabonds），在一九一〇及二〇年代每年都會來一次奢侈豪華的露營活動探索大自然，偶而也會有美國總統參加。

福特和凡士通的合作關係一直到一九七〇年代還是非常緊密，甚至在一九八八年日本普利司通公司（Bridgestone）收購凡士通之後亦然。但是這個夥伴關係在一九九〇世紀末期遭到嚴重考驗。當時配備凡士通五〇〇型輪胎的福特休旅車「探險家」（Explorer）屢屢發生行車意外，死亡人數多達兩百人。肇事的「探險家」常常出現罕見的高速翻滾，但原因不明。是「探險家」特別容易翻車嗎？還是因為輪胎特別容易脫落才導致翻車？

但是福特和凡士通不但沒有一起解決問題，雙方關係反而因此破裂。福特指責凡士通的輪胎品質低劣，而凡士通則說是福特提供消費者的充氣指示不正確，太過強調行車舒適而忽略安全（這算是最早的「洩氣門」（deflategate）事件）。新聞界說這是個歷史性的粗暴離婚，雙方狠話說盡相互醜詆，百年聯姻毀於一旦。

凡士通從此結束與福特所有車款的供應關係，還發了一封公開信指責福特刻意歸罪輪胎，把凡士通當替罪羔羊以隱瞞真正的肇事原因。那封公開信總結說：「商業關係和個人關係一樣，是建立在相互信任和相互尊重的基礎上。因此我們有了這樣的結論：由於雙方關係的基礎已經嚴重破壞，我們已經不能再向福特供應輪胎。有鑑於過去將近百年的歷史，這不是一個輕易就能做出的決定。」[14]此言沉痛，美國商業史上一個偉大的合作夥伴關係竟然走向醜態畢現的結束。

如今這個企業合夥關係只剩下一點殘餘，不過這點殘餘還會留存很久。亨利．福特的孫子老威廉．克萊．福特（William Clay Ford Sr.）和哈維．凡士通（Harvey Firestone）的孫女瑪莎．芭可．凡士通（Martha Parke Firestone）是經由他們的媽媽介紹認識。後來兩人偷偷地寫情書互訴衷腸，在一九四七年學校都還沒畢業就結婚了。總的來說，這場婚姻非常幸福，不但生下四個孩子，還有一直擁有美式足球聯盟的底特律獅隊（NFL Detroit Lions）。

這四個孩子裡頭，有一位是小威廉・克萊・福特（William Clay Ford Jr.），在翻車事故爆發的時候，他剛好就是福特的董事長。所以哈維・凡士通和亨利・福特開始的企業合夥關係，最後竟然是在兩人曾孫子手上醜惡地結束。

也許真的有愛情不必有金融。

劇終。

第 6 章

活出夢想：「債」不只是金錢，還有人際牽絆

開會有時候非常無聊，讓人精神不繼心智麻痺，不過二〇一三年七月十二日倫敦大學學院（mind-numbing）的教職員大會可能是出現了麻痺的新低點。有一位教員實際上就是從他平常所在的大廳迴廊上被搬出來，安坐在即將離職的教務長旁邊，他一言不發，算是「出席但不投票」的教員。雖然這聽起來蠻正常的（或者說是很理想，就看你對會議怎麼看囉），但這位教員其實已經過世快兩百年了！出席會議的是他的遺體骨架，平常保存在迴廊上的某扇門後頭。

是誰如此受人敬重，又是如此怪異，讓這個古老的傳統得以在他死後仍然照常舉行？是誰如此奇特，會隨身攜帶一副玻璃眼珠，好讓自己死後的遺體得以迅速防腐保存？這位不同凡響的紳士是啟蒙時期的哲學家邊沁（Jeremy Bentham），他在十九世紀早期就提出公民普選和同性戀合法等遠見卓識。

做為功利主義（utilitarianism）的奠基人，他說社會政策應該從改善大眾福祉的角度來評估。「最多數人的最大幸福是道德與立法的基礎」這句簡單格言，邊沁歸功於英國自然科學家約瑟夫．普里斯利（Joseph Priestley），在當時是非常激進的觀點，到現在仍是許多經濟和哲學分析的基礎。

邊沁也是第一位個借貸與融資槓桿的強力捍衛者。在他和亞當斯密（Adam Smith）針對借貸的對決中，雙方都採取跟過去非常不同的立場。一向是自由市場經濟的倡導者（亞當斯密）主張必須多加管制，而激進的改革者（邊沁）反而主張為債務開放市場自由。

亞當斯密的《國富論》（*The Wealth of Nations*）認為貸款利率應以五％為上限，這個說法表現出長期以來對於借款人的歷史偏見。他一點也不客氣地說，要是利率可以更高的話，只有「浮浪子弟和騙子」[1]才會去借錢，合理事業的善良百姓是借不起的。亞當斯密說，如果貸款利率不統一的話，情況必是一團糟，值得一試的風險借不到錢，反而讓惡劣風險主導經濟。亞當斯密這個看法，其實是表現出人類幾千年來對於借貸行為的厭惡。

而邊沁則是寫了好幾封信和亞當斯密激烈辯論，針對亞當斯密管制利率的觀點一一提出反駁，後來他把這些書信結集出版，挑釁地說自己是「高利貸的辯護者」。邊沁指出亞當斯密太過輕忽放款方的誘因，因為他們也會仔細挑選和監督借款人以保護資金。邊沁強調說：「在這種狀況下，對於借貸計畫的好處是有兩套智慧在篩選……而其中帶有偏見的那一個顯然最不可能贊成（白花錢的沒用計畫）。」[2]況且亞當斯密的主張也跟他一向倡導的自由市場觀點完全不符，邊沁引用亞當斯密自己說的話提醒他說：「這是王公大臣……最無禮、最傲慢的**裝腔作勢**，**妄圖監視私人經濟活動！**」（粗體字是邊沁的特別強調）[3]

邊沁最猛烈也最有道理的論點直指信貸市場的核心重點。亞當斯密主張限制信用管道，只是獨厚滿足傳統需求的「老派」借款人，卻阻礙基礎良好但風險較大的創新者和新興企業。亞當斯密對「任何追求財富、想要進入新領域，尤其是發明創造的新領域的所有人身上，都不分青紅皂白地打上一個印記」，只提供資金給那些「在舊領域做生意的人，冀求那些領域所能給予的安全保障。」[4]排斥高利率、貶低借貸只會阻礙創新和成長，也跟自由市場的主張不一致，事實上這些限制根本就不必要，因為放款人可以照顧自己。

關於亞當斯密和邊沁對財務槓桿的看法衝突，沒有比莎士比亞（William Shakespeare）劇本《威尼斯商人》（*The Merchant of Venice*）描述得更淋漓盡致。這齣戲說的是夏洛克（Shylock）借錢給巴薩尼歐（Bassanio），由安東尼奧（Antonio）負責還錢。後來安東尼奧還不出錢來，夏洛克堅持行使權利要割他「一磅肉」來抵債，最後靠巴薩尼歐新妻子波西亞（Portia）的機智才能倖免於難，逃過一劫。正如邊沁和亞當斯密那樣，夏洛克對安東尼奧的憎恨也是出於雙方對於利息的看法分歧。夏洛克說他討厭安東尼奧是因為「他免費借錢給別人，把我們威尼斯的利率都壓低了。」[5]但安東尼奧違約後的審判卻像是對司法的嘲笑，結果威尼斯相親相愛的基督徒社會嚴苛地懲罰外來的猶太人，只因為他想復仇。威尼斯人雖然知道猶太人提供他們需要的服務，還是對之輕蔑詆毀，這正是邊沁強力駁斥的借貸偏見。

不過《威尼斯商人》中「債務」的意義可不只是情節設定而已，推動劇情的也不只是金錢上的義務，還要再加上個人與個人之間的責任。巴薩尼歐向安東尼奧借錢，安東尼奧又向夏洛克借錢，而夏洛克的錢也是從他朋友杜伯爾（Tubal）那兒借來的。詩人奧登（W. H. Auden）說，安東尼奧與巴桑尼歐之間的關係是以愛為基礎，「將效用與義務連結在一起的無限責任」。[6] 巴薩尼歐依靠安東尼奧的資助才有錢向波西亞求婚，然後波西亞又因為巴薩尼歐和她結婚，覺得自己必須援救安東尼奧。而安東尼奧也必定感謝波西亞，因為是她救他一命。這齣戲像是波西亞和安東尼奧兩人在爭相爭取巴薩尼奧的感情，最後是由波西亞勝出，正如文學評論家哈利．貝嘉（Harry Berger Jr.）所言，因為她知道怎麼「讓受益者吞下那個感恩與義務的魚鉤」[7]。而戲裡頭那場婚姻也讓「bonds」（聯結／契約）這個字語帶雙關，結婚是對伴侶的權利聲明，同時又對照夏洛克藉著一紙借貸契約聲張要割安東尼奧一塊肉。

這齣戲表面上是以債務做文章，但奧登更深入地看到人與人之間的聯結。他特別指出，「沒幾齣戲用到這麼多『愛』字。」[8] 相對於封建領主的統治，奧登的結論是：「在《威尼斯商人》裡頭，你可以自由地塑造你所選擇的人際關係，但也因此要負上巨大的責任。」[9] 結果我們會發現，所謂的「債」可不只是金錢而已，還有人際聯結的牽絆。

資產	負債和淨值
房屋 100 元	權益 100 元

資產	負債和淨值
房屋 500 元	抵押 400 元 權益 100 元

▲利用槓桿，讓你住大一點的房子。

槓桿，就是「借錢」

金融人士甚至比邊沁更喜愛財務槓桿。除了我們稍後會談到的很多實質好處，你聽到「槓桿」這種術語，感覺上可比「跟別人借錢」的大白話高明許多。不過「槓桿」在金融裡頭的意思，其實也就是借錢。可是金融家說到「槓桿」有時候還是會感到激動，也是有充分的理由。許多財富都是因為財務槓桿而累積或失去，巨大的經濟失敗與成功的差別，就在於能夠適當地管理財務槓桿。不過怎樣才叫做適當的管理呢？

我們就從最基本的問題開始。為什麼金融業者把借錢叫做「槓桿」呢？跟許多金融事務一樣，答案比你想的還簡單。「槓桿」

就是一種工具，你想想看，用根鐵橇就可以移動你本來搬不動的東西。從某方面來說，槓桿像是具有魔力一樣，可以讓你原本的力量增加好幾倍，讓你做到原本做不到的事情。阿基米德（Archimedes）不就說了：「給我一根夠長的槓桿和一個可以安放的支點，我就可以移動地球。」

這正是很多想要借錢的人，不管是學生、商人或想買房子的人的想法。我們就說想買房子的人吧。比方說，你有一百塊錢，現在你想買一間房子（這只是舉例說明啊，那一百塊錢後頭你高興加幾個零都可以）。要是不利用財務槓桿的話，你想想看自己可以買到多大的房子，而且買了房子以後你的資產負債表又是什麼樣子？

要是不跟別人借錢的話，那你就只能買一間一百塊錢的房子，而你的資產負債表上頭是有一間價值一百元的房子做為資產，而它就是你用一百元買下的業主權益。現在讓我們運用一點槓桿，也就是貸款來買房子。為了簡單起見，我們假設買房子可以貸款房價的八成。所以你現在就可以買一間五百元的房子囉！你的資產負債表也變得很不一樣。你會擁有五百元的房屋資產，還有四百元的負債和一百元的業主權益。

儘管你在這兩種情況下都只擁有一百元的價值（你的權益），但有一個是你可以住在比較大，應該也是比較好的房子。所以運用財務槓桿可以讓我們住上原本負擔不起的房子。

借錢讀書也是同樣的道理，以現有的收入和財富也許負擔不起學費，但完成學業拿到文憑很可能是邁向更高收入和更好生活的途徑。所以我們會借錢來把握這個機會。這種想要借錢把握現有資源難以負擔的機會，也正是企業和企業家必須融資的道理，運用更多資源通常也能獲得更大報酬，遠勝於抱守固有格局。

而且好處還不只是這樣喔。財務槓桿不但讓你住上原先買不起的房子，還能大幅增加你的報酬。比方說房價上漲了一〇％。要是不運用槓桿，你的財富也就是增加一〇％：房子價值變成一百一十元，你的權益也變成一百一十元（這樣資產負債表才會平衡）。但是你要是運用財務槓桿，你的財富可是增加了五〇％：房子價值變成五百五十元，你的負債還是四百元，但你的權益從一百元增加到一百五十元。現在你知道金融人士為什麼都喜愛槓桿了吧！不但可以住上更大更好的房子，還能賺到更多報酬啊。當然房價也不會永遠都在漲。你可以想像一下，房價也許會下跌二〇％。不運用財務槓桿的話，也就是損失二〇％，也就是二十元而已。但要是用了財務槓桿，你的一百元就全部賠光了。財務槓桿就是一把雙面刃，既能放大報酬，也會放大虧損。

當然借貸也不僅是關乎賺賠而已，它還是個意味深長的承諾。金主為了保護自己的資金，通常會有權利限制你怎麼運用那筆錢，也就是雙方簽定借貸契約，要是你違反契約規定，輕則施以罰款，嚴重的話甚至可以剝奪你的資產。比方說，在那種借貸契約規定下，你要是不事先獲得他們的許可是不可以再跟其他人借錢的。這些機制讓金主可以確保你不會用他們的錢亂搞。最嚴重的是如果你無力繼續支付利息和還債，他們就有權對你索賠，甚至扣押資產。對有房子的人來說，這可能意味著失去你的家。對於企業而言，要是不定期支付利息就只好宣布破產。

那麼一家企業應該承擔多大的財務槓桿比較好呢？對企業財務來說，最簡單的答案是要在兩種相反的動力之間做權衡，即在運用融資所能獲得的課稅優惠和舉債對於組織帶來的風險之間做取捨。因為支付利息對企業和個人都可以免稅，因此適當舉債是有實質好處。簡單地說，公司舉債來購買機器設備或個人借錢買房子，政府都允許讓你少繳一點稅金，你就可以把那些價值從政府那邊轉進你自己的口袋。

但是舉債過度也會造成困難。債務沉痾的企業可能腳步踉蹌一路蹣跚，最後甚至走向破產。由於公司的營運變得不穩定，一些有價值的員工可能就會離開，而客戶眼見情勢不妙，也可能會停止採購，供應商則是擔心收不到貨款也不願繼續出貨。把這些財務困境的成本和課稅優惠的好處加以權衡取捨，就可以了解企業的財務槓桿應該到什麼程度會比較好。

在這種權衡之間做出適當評估，對於私募股權企業（private equity industry）會特別重要。在私募股權交易中，那些負債不多的企業通常是利用公司資產來借錢以進行「私有化」，透過「融資收購」（leveraged buyout）買下舊股東所有的股權。哪些企業會是這種交易的好對象呢？最佳候選人就是那種賺很多錢的公司，它們最想要少繳一點稅，況且營運狀況非常穩定，多借一點錢也不太可能造成財務困難。你可以想想香菸公司，或者更棒的是賭場，它們都很賺錢，也不需要什麼技術創新（所以就不會碰上什麼產業技術變化的風險），而且還有一大堆上癮的客戶。賭場業就是錢途無量的候選人！只要你不會太過貪心借太多錢，但你也要曉得怎麼經營這種業務。不然的話你可能也會破產，而且是破產好幾次。

以承諾換取資源，像舉債

借款人要面對的核心問題是要怎麼抓住當前資源難以把握的機會，這會讓我們想到類似的人生大問題：我們要怎麼才能擁有最充實的生活呢？我們在生活中大部分的事情都需要他人的協助。比方說，結婚、建立家庭、建立有意義的友誼、在組織中工作、開創事業等價值創造活動，都不是獨自一人就能完成。而接受這些協助也會產生許多承諾，承諾就會帶來限制。簡單地說，你如何透過承諾把自己納入更大的人際網路和關係之中，就是決定你人生最後的軌跡，這就像舉債以承諾來換取資源，它就會決定企業運作的軌跡一樣。

企業融資決策與我們在生活中做承諾的對比，也能從兩位藝術家迥然不同的人生經歷看個明白：喬治・歐威爾（George Orwell）和傑夫・昆斯（Jeff Koons）。歐威爾完成代表作品小說《一九八四》的過程，展現出人與人之間相互依賴的代價和低槓桿生活的美德。他的經歷是告訴我們，要完成偉大作品，孤獨和獨立，把自己從這個世界抽離出來是多麼重要。在第二次世界大戰結束以後，歐威爾以記者的工作努力謀生，光是在一九四五年就寫十一萬字以上的報導獨力維持生計。但他知道這樣的苦工讓他精疲力竭。歐威爾告訴桃樂絲・普羅曼（Dorothy Plowman）說他「在新聞媒體中快窒息了」[10]，還對他朋友安德魯・高（Andrew Gow）說：「我覺得自己越來越像一顆被榨乾的柳丁。」

他知道自己如果想要把《一九八四》寫出來，就必須退出這個世界。他寫給朋友亞瑟・柯斯特勒（Arthur Koestler）的信中說道：「大家都不停地找我，找我去演講、找我寫小冊子文宣，叫我參加這個那個之類的。你不知道我多麼想要擺脫這一切，可以找到時間自己好好地想一想。」[11]一九四六年歐威爾毅然決然離開這一切，跑到蘇格蘭赫布里底群島（Scottish Hebrides）的汝拉島（Jura）隱居好幾年，他後來說那是個「讓人非常難忘」[12]的地方。也就是在那裡，他找到了創造力和寫作的祕訣，也就是一個低槓桿的生活，不必要有多餘的承諾和義務。結果這樣的生活對歐威爾十分合適。

選擇低槓桿生活的藝術家會發現別的生活方式非常困難。索爾・貝婁寫了好幾本小說巨作，但他還寫了幾個劇本，並且跟導演、製片人和演員有許多互動。如此的活躍和忙碌讓他更加欣賞小說家的孤寂生活：「（小說家）就在四面牆之間，單獨面對他的稿紙，雖然非常孤獨，但他可以完全掌握自己的一切。如果是在劇院裡頭，是可以發現合作的快樂……但是這些快樂的代價就是會讓你獨斷獨行的權力減少很多。」[13] 同樣地，在讚揚獨立製片優於大片廠的合作時，貝婁指出：「大型團隊必然會對任何個人的想像力產生制衡作用……（而大額預算）也足以讓目眩神迷的藝術家搖身一變成為嚴肅清醒的官僚。」[14] 隨著必要互動的增加，貝婁發現自己的炫奇想像也會慢慢被磨平，變得平凡庸俗。

雖然貝婁並不欣賞承諾、合作和槓桿的好處，但有些藝術家還是利用槓桿讓自攀上高峰，這其中也許傑夫・昆斯的表現最徹底。藝術評論家彼得・施傑達（Peter Schjeldahl）在二〇一四年說昆斯是「當今世界藝術家的指標」[15]，他做出許多巨大的裝置作品，像「Play-Doh」就是個十英尺高的鋁製構造，足足花了二十年才能完成。如此雄心勃勃的炫目神作是怎麼做出來的呢？昆斯運用了許多槓桿。

在一九八〇年代初期，昆斯發現他用來進行創作的胡佛（Hoover）吸塵器和其他材料都變得好貴，為了繼續維持晚上的藝術創作，他白天就去當棉花期貨的交易員賺錢，而昆斯當然也沒忽略他在華爾街領會到的槓桿好處。昆斯早在九歲的時候就開始挨家挨戶推銷包裝紙和巧克力，就此累積的豐富經驗讓他成為銷售專家。現在他要賣的是期貨合約，這種金融商品是不管你是否真的持有特定物資，都能在未來的特定時間以某個特定價格賣出。而昆斯則是靠著這種買賣，繼續維持他的藝術創作。

昆斯說他自己是「出點子的人。我並未親身參與製作，也沒那個能力。所以我去找那些厲害的人，跟我的鑄造工廠塔利斯（Tallix）合作。」[16] 施傑達說昆斯的大型裝置藝術需要「不斷投入高級材料和專業的鑄造技術，所以必須在完成之前就先賣掉，才有足夠現金來完成整個作品，通常是還在開發小型版本時就會賣掉（收藏家要等好幾年才能成完成收購）。他賺得越多也花得越多，才能維持一百二十五名員工的切爾西（Chelsea）工作坊。」[17] 昆斯說他運用槓桿的創作過程是「操縱每一個動作的工作系統，就像我親自完成一樣」[18]。

說到喜愛運用槓桿，施傑達拿他跟安迪．沃荷（Andy Warhol）做比較時說道：「（昆斯）是在市場上衝浪，他的大膽賭注曾不止一次差點滅頂。」事實上，這種模式讓他的交易商背負沉重壓力而屢屢破產，而且他客戶也常常要繼續丟錢贊助，才能應付材料成本的不斷上漲。就像作家菲利克斯．賽門（Felix Salmon）所言，昆斯在知道要怎麼做之前，就先把作品賣給收藏家！也因此顛覆了藝術家的傳統經營模式。

賽門指出：「昆斯這種模式有點像是找贊助，有錢的贊助人為藝術家支付開銷，再以他的作品做為回報。不過昆斯把這個模式顛倒過來，他是讓收藏家為他工作，而不是他為收藏家工作。在這裡頭是昆斯發號施令，不是收藏家。」[19] 雖然有些嘲笑意味，但我覺得賽門說得沒錯：「昆斯做了一件非常有趣的事情，這是別的藝術家很少做到的。他把金錢變成藝術，而不是把藝術變成金錢。」[20]

昆斯的工廠和融資方式跟歐威爾的單打獨鬥剛好形成對比。這兩種截然不同的選擇也代表著我們在創造生活時所面臨的兩種選擇。歐威爾的孤獨之路可以達到深刻而豐盈，擁有完全的自主權，因為自身成果完全來自於自身努力而喜悅。而昆斯則是剛好相反，他把自己安置在豐富的網路中，以完全不同的規模來運作，接受其中暗含的權衡取捨，調動整個組織來為他的藝術創作服務。以金融術語來說，歐威爾完全就是單一業主的獨資企業，必須免除任何限制、不對任何人做承諾才能自由自在地蓬勃發展，而昆斯則像是在做融資收購，為了做一些越來越大的作品而做出更多承諾、接受更多約束，在追求報酬的同時也承擔風險。

提高生活槓桿時，可能犯下什麼錯誤？

那麼你是哪一種？昆斯還是歐威爾？如果對自己合適的話，這兩種生活也都很有好處。我們大多數人會在這兩個極端之間的某個地方，就像企業在思考和選擇融資槓桿要做到什麼程度一樣，而這個選擇日後就會表現在你的專業和個人生活裡頭。成功的婚姻和友誼的本質是它們需要相互依賴也要互相妥協，同時也會提供一些光靠自己一個人是難以獲得的體驗。選擇生孩子就是生活中提高槓桿的顯明例了。你為他們做出一連串難以想像的情感和財務承諾，而他們會開創出一個超乎想像的世界。

也許你光靠自己的才能就把事業搞得風風火火，但若是進入組織裡頭發揮實力，說不定你對世界的影響力還能放大好幾倍。但是進入組織以後，組織也會要求你放棄一些自主權，在許多方面也都要接受妥協。成功的企業家會是一個必須更像昆斯的歐威爾。有多好的點子儘管是從你腦子裡蹦出來的，但是要把點子發展成一個事業就必須跟許許多多的人相互依賴、互相合作才做得到。

我有時候也會用這種方式來看自己的生活，知道我自己也正在冒一些風險。我跟我太太有三個年幼的小孩，但我們也都要應付全職的忙碌工作。在生活周遭和整個大家族中，我們努力扮演大家的好朋友。最後以我們的標準來說，就是過著一種高槓桿的生活。我們對許多人和我們的老闆做出重大承諾，最重要的是對孩子們的承諾，所以我們才能過著現在這種生活，渴望以我們擁有的資源對世界產生最大的影響。但是這樣的形態還是很複雜，也可能故障失靈，無法正常運作。我經常會問自己，我們是因為高度槓桿化才能過得如此充實，或者只是為身邊最親密的人承擔太多責任為代價。

在提高生活槓桿時，大家可能犯下什麼錯誤呢？最明顯的是做出太多承諾、承擔太多義務，卻無法履行。如果是無法履行合約的財務困境和破產，我們會在下一章繼續討論這個主題。不過一般人可能犯的錯誤是什麼呢？在企業及其融資決策方面，有一個核心議題也跟我們的個人生活特別有關。透過各種評估方式，其實大多數企業的融資槓桿都不夠充足。他們在衡權取捨之後好像都還沒達到徹底運用優勢的程度，結果槓桿比例都顯得太低。很多人可能也是如此，他們因為躲避承諾和義務，結果反而限制了自己能力的發揮。有些研究顯示，生命中的某些遺憾主要就是因為我們不願做出承諾，因此放棄接受教育的機會、放棄愛情的關係，以及對孩子不夠關注。

有債務在身，不敢把握新機會

槓桿只是一個可以幫助你實現夢想的善意工具嗎？只有這樣嗎？不過任何曾經背負沉重貸款、努力還債的人都知道，槓桿可以創造出什麼樣的艱難。學生貸款和抵押貸款的壓力都可以改變我們的生活形態。槓桿的承諾甚至可以妨礙你追求自己的夢想，比方說，身負學貸重壓時，你可能會問自己能否再承擔更多承諾去追求什麼夢想。這個問題叫做「懸決債務」（debt overhang），光看名字就讓人覺得很不妙。懸決債務的意思是說，你可能因為之前的承諾約束在身，而不願意去做一些你應該要做的事情。

比方說，有一個人貸款八十元，買下一間一百元的房子。萬一這間房子的價值跌到七十元，那他就虧了，他的負債高於資產價值。現在假設，房子如果花二十五元擴建，可以增加三十元的價值。這時候他應該這麼做嗎？

一般狀況下你大概會說：「當然要，這個投資很棒！他投入二十五元，可以賺三十元。」不過以他的狀況來說，他投入二十五元，是借錢給他的金主先賺十元，他只拿到另外的二十元。所以對屋主而言可是個糟糕的投資。這裡頭最奇妙的地方是如果屋主進行擴建，對金主是比較有利，但儘管屋主有正確的誘因，金主反而會對必要的妥協有所猶豫。所以他就會顧慮到先前的承諾，不敢或不願意去做他應該要做的事。這種懸決債務的概念也是房市危機如此何怕的原因之一，二〇〇九年時有五分之一的屋主處於虧錢狀態，而受到這種奇怪的誘因所致，我們可能會看到有更多地區的房屋市場因為高槓桿房貸而持續惡化。

那麼答案應該是什麼呢？其實是金主應該承擔貸款的損失，屋主才能回歸自身的考量，才敢去進行最佳利益的策略。所以那個跌價的虧損應該是由金主來承擔是最好的，但很不幸的是金主通常並不願意承擔損失。

關於個人生活中懸決債務的描述，再也沒有比石黑一雄（Kazuo Ishiguro）小說《長日將盡》（*The Remains of the Day*）的史蒂文斯（Stevens）先生那麼淋漓盡致，也令人心痛的了。史蒂文斯先生在是在兩次世界大戰期間堪稱典範的豪門總管，他把自己的一生都奉獻給達靈頓爵爺（Lord Darlington）。這部小說由老年的史蒂文斯先生回顧他過去的經歷和生活，也才慢慢了解到自己錯過他對女管家肯頓小姐（Lord Darlington）的愛，也從此錯失一生的機會。

在他首度回想肯頓小姐之前，史蒂文斯先生先談了些別的事情，然後講說：「資深員工若是結婚的話，可能會對工作產生極具破壞力的影響」[21]，而那種追求愛情的人「只會破壞良好的專業精神」。像這樣專注於服務的尊嚴與義務的人，簡直是難以想像他會去追求那種愛戀關係。肯頓小姐在跟史蒂文斯先生一起工作十多年，一直對他非常傾心，但不希望自己的人生只是服侍別人而已。那時候她給史蒂文斯先生好多機會，但他還是傻傻地否認自己逐漸滋長的愛苗。

最後肯頓小姐終於開始跟別人約會去了，但她還想給史蒂文斯先生最後一次機會。於是她挑起那根才剛萌芽的愛苗，希望就此說動他：「我想，史蒂文斯先生你一定是覺得一切都十分滿足了吧。畢竟你現在已經到達專業生涯的最高峰，在你統管的方方面面都井井有條。我實在無法想像你在生活上還會企盼什麼。」[22]

然而聽到這麼明白的意思，史蒂文斯先生退縮了。他對達靈頓和自己專業生涯的承諾，讓他不敢追求眼前的機會：「肯頓小姐，我個人是以為除非我竭盡所能去照料爵爺完成他為自己設定的偉大使命，我才會覺得我的工作功德圓滿。要等到爵爺完成任務，滿足所有人對他的合理要求，能夠在勝利與榮耀下休息的那一天，只有等到那一天，肯頓小姐，我才會說自己就像你所說的，對這一切都感到十分滿足。」[23]結果他還是認為對於專業生涯和達靈頓爵爺的承諾才是最重要的。

在他生命中最重要的兩個晚上，史蒂文斯先生還是因為工作責任而排擠掉自己的個人需求，他父親過世那一晚他沒有隨侍在側，後來又錯過肯頓小姐給他的最後機會。奇怪的是那兩個晚上他反而為了自己展現出專業精神而滿溢「勝利感」[24]。這種絕對的奉獻已經近似於殉道受難，甚至可能是以自己受虐為樂了。

後來過了幾十年，我們看到肯頓小姐離開達靈頓爵爺府結婚去，結果婚後並不幸福。而達靈頓爵爺在外交事務上被證實只是個被耍得團團轉的大外行，說是都因為他才會讓當時的英國首相張伯倫（Neville Chamberlain）對希特勒採取姑息的綏靖政策，最後在屈辱中鬱鬱而終。那麼史蒂文斯先生呢？

他後來再次跟肯頓小姐碰面，了解到自己錯過了什麼，史蒂文斯先生結論說：「我這輩子最好的年華都給了爵爺，但現在已經所剩無幾……我能給的，我都給了，一切都奉獻給達靈頓爵爺……我相信爵爺的智慧。我侍奉他這麼多年，相信自己是在做一些有價值的事情……真的，我們都要問自己，這裡頭有什麼尊嚴？」[25]

槓桿的危險有兩個原因，我們在下一章就會談到，它可能會讓你破產，無法兌現你答應的承諾。但更為常見的是懸決債務的危險。在既有承諾之中進行談判協商，好讓我們有餘裕做出新承諾，這是金融所強調的重要生活技能。而懸決債務的危險就是你在既有承諾的束縛下無法再次談判協商，因此也不敢把握新機會，陷在這種困境裡頭必當蒙受損失。史蒂文斯先生害怕的就是承擔新承諾會妨礙先前的承諾，這種想法讓他的一生在感情上徒留空白。幸運的是就算金主有時候因為太笨而無法調整自己的期望，我們還是可以跟自己所愛的人、跟工作或這個社會重新談判，取得諒解，就可以再做新的投資。有時候恐懼就是阻止我們向前探索的唯一原因，史蒂文斯先生即是如此。

人生會做出一連串的承諾和槓桿

在企業的生命週期中巧妙運用槓桿，它的優點和缺點都會在財務預測上顯現。由於運用槓桿可能反過來限制投資進而影響企業（如同我們剛才看到的），因此那些需要大量投資，尤其是比較新創的企業都要特別注意槓桿比例不應太高。同樣地，那種已經快要接近終點的不穩定企業會發現，運用槓桿只會讓他們死得更快。我們認為企業的槓桿軌跡應該是中央降起的平緩曲線會比較好，年輕而活力正強的新企業應該避免舉債，成熟的企業比較適合融資做生意，而那些走下坡的老企業最好也要降低負債水準。

企業這條平緩的槓軌跡軌，其實跟我們的財務生活應該有的樣子也很類似，這就是我們一生跨度中的平穩消費（consumption smoothing）假設。經濟學裡頭有個還沒解開的謎是說，我們人活著的一生中為什麼消費都會保持穩定（不只是我們吃的食物，而是所有我們消耗的東西，包括住房、經驗等）。雖然我們一輩子裡頭的收入狀況可能波動很大，但消費水準基本上不會有太大改變。要怎麼做到這樣呢？年輕時開銷大、沒什麼資源，就需要借錢，然後年紀漸長，慢慢還清債務，也開始為退休存錢，以後才能維持大致相同的消費水準。

而人生中會做出一連串的承諾和槓桿，雖然模式稍有不同，但道理卻是一樣。我們不會想要小嬰兒付出什麼，只是希望他們都可以快樂長大。隨著他們年紀漸長，我們會在安定的環境下慢慢教導他們承諾和義務，讓他們習慣這些事情。在我們邁進中年的時候，我們會運用更多槓桿，對配偶、子女、工作和社區做出更多承諾。漸漸我們變老以後，因為那些承諾的壓力太大，就算是非常簡單的承諾也變得很有壓力，這時候我們又會逐漸卸下槓桿。我在我自己家裡就看到這樣的變化。當我們的爸媽年紀逐漸老邁，我們都會幫忙做點事來減輕他們的負擔（其實都是我妹妹代勞），包括他們過去就很擅長的簡單理財。幸運的是他們對於老年本來就有很好的規畫，早早搬進比較小的房子，努力節約、簡化生活，我們的努力只是再提供一些協助而已。

我看到我的女兒們也會想到這些事情。應該在什麼時候、用什麼方式來教導她們承諾和義務呢？像是一些家務和責任要怎麼安排，既可以讓她們逐漸習慣，又不會妨礙她們享受快樂童年呢？一邊是要告訴她們怎麼運用槓桿做出承諾，一邊是想保護她們免受束縛，我們就是這樣一直走在中間的那條界線上。

但最重要的問題是我想到自己女兒會怎麼投資自己，也就是她們要怎麼提升自己的「人力資本」（human capital）。我跟我太太都晚婚，所以都是年紀老大，才共組家庭。但也正因如此，我們兩人在二十幾歲時毫無羈絆，可以盡情投資自己的人力資本和工作事業，如今也都有了不錯的收穫。這裡頭的權衡取捨好像是蠻清楚的，至少現在回想起來很清楚，雖然我們現在養孩子，年紀是嫌大了點，等到我快退休的時候說不定女兒們都還待在家裡。但我們是因為這樣才能夠以非常有利的方式投資自己和投入事業。要是我們早早做出家庭的承諾，我想我們兩個的事業都無法達到今天這樣的地步。

要是我哪個女兒二十四歲就跑來跟我說她要結婚，要開始組成一個家庭，我真不知道要對她說什麼。我知道我會想，她要做出的承諾一定會擠壓到她對自己的投資……要提升人生的槓桿，以後還有時間。不過我也可能會想想不同「終極價值」的可能性，然後為她的決定感到高興。

槓桿紅利，讓你採取正確行動

到目前為止，槓桿似乎都是需要權衡取捨。你可以借錢買房子，但這不會增加你的財富。沒錯，你可以住上更好的房子，但也要承擔伴隨債務而來的風險。同樣地，企業運用槓桿，也要在課稅收益和承擔風險之間做權衡。而且就像貝婁所強調、昆斯所展示的，生活上的槓桿表示完全不同規模的運作，那些承諾都會帶來責任和義務，也會喪失掉一些自主權，帶來一些限制。這一切都取決於你認為自己會是什麼樣的人，你想要過什麼樣的生活。

但是現代金融顯示槓桿還是另有文章，也許可以說是運用槓桿的紅利。經濟學家麥克・詹森（Michael Jensen）在觀察企業太少運用槓桿後，提出結論說槓桿其實幫助我們解決現代資本主義的一些主要問題。他認為經理人並不總是在為股東服務，這是我們之前談過的委託代理問題。經理人不願運用槓桿，表示他們是為了進行一些不是對股東有利的活動，因此才不想承擔過多的責任和義務。運用槓桿的自然結果是它可能會限制住經理人的能力，讓他沒餘裕再去做些圖利自己而非股東的事情。其實槓桿就像是把經理人的雙手綑起來，施加紀律，讓他們好好地服侍主人。以詹森的話來說就是「害怕無力償債的威脅正是一種有效的動力，會讓組織更有效率。」[26]

詹森說石油業就是個好例子。一九八〇年代石油價格下跌以後，以經濟邏輯而言本該要停止探勘鑽採了，但石油業的經理人卻抗拒這種想法。那些石油公司還是繼續投資探勘，而且投資一些不相干的企業甚至已經到了浮濫的程度，就是不願意發放盈餘給股東，這有一部分就是因為公司的累積盈餘太多，而且他們對任何人都沒有什麼承諾。要是用強制性的債務清償把他們的手綁起來，就能防止許多價值被他們破壞掉。這就是槓桿的紅利。

個人生活中的槓桿也有類似好處。詹森所說的紅利，是因為經理人自身盤算與股東利益的矛盾衝突所產生。而我們個人身上就常常會發生這樣的衝突。我們常常知道某些事是正確的，甚至也知道應該那麼做，但因為種種原因就是辦不到或沒有採取行動，例如：應該定期運動、不要吸菸、要多花點時間陪陪小孩等。事實上，我們很多人在自我控制方面都有點問題，而最好的解決辦法，正如許多研究都指出的，就是對別人做一些有意義的承諾，才能確保自己會去做那些對的事情。這裡所說的承諾，可能是跟朋友打個很昂貴的賭，花大錢加入運動俱樂部會員，或者是參與強迫儲蓄計畫。這樣的承諾就跟現代企業融資舉債一樣，可以限制選項浮濫，讓你不再茫然，不知所從，進而提升採取正確行動的機會。

槓桿紅利的道理還可以進一步延伸。主動進入嚴格要求的關係，做出承諾，很可能就會讓自己變成更好的人。IBM公司創辦人華森（Thomas Watson）曾對年輕人說：「不要跟那些只是輕鬆相處的人做朋友，而是要結交那種可以強迫你提升自我的人。」[27]對那些既聰明又嚴厲要求的人做承諾，我們才不會幹些傻事，這樣的承諾就很有幫助。可見，槓桿絕非零和遊戲。

除了會讓你更具生產力及提升自我標準以外，主動進入一種有意義的關係對我們還有更多好處。由鑽研精神病的研究學者喬治．威蘭特（George Vaillant）指導，從一九三〇年代後期就開始的格蘭特研究（Grant Study）以當時的哈佛大學生為對象，是目前關於人類情感與身體最長期的縱向研究。在追蹤長達七十餘年的生理及心理資料後，威蘭特及其團隊提出了一些可以延長壽命、增進幸福的最佳證據。而他所得到的答案，正如約書亞．臥斧．申克（Joshua Wolf Shenk）所言，竟然是那麼簡單。

威蘭特另一個主要關注點是關於人際關係的影響。他寫道：「促使高齡的成功，不是聰明才智或父母的身分地位，而是社交方面的才能和傾向。」溫馨的人際關係是必要的，如果不是從父親或母親身上感受到，也可以是來自兄弟姊妹、叔伯尊親、朋友或者發揮良師功能的長輩。他發現，男性在四十七歲時的人際狀況，比其他變數——除了防禦之外（即對於逆境的反應機制）——更能準確預測晚年的調整。良好的兄弟姊妹關係似乎特別有用：在六十五歲時狀況仍然良好的男性，有九三%是跟某個兄弟或姊妹很親近。在二〇〇八年三月的某份書面採訪中被問到：「你從格蘭特研究發現什麼？」威蘭特回答說：「人生中唯一真正重要的，就是你跟其他人的關係。」[28]

對他人承諾不但可以激發力量，讓我們完成更多事情，也會帶來維持成長茁壯所必須要有的情感寄託。

對於我們和世界的關係，槓桿的力量尤其有所發揮。可以想像得到的，最有價值的槓桿也許就是你的同事、朋友和社區對你的尊重。它能讓你調動資源，因為對方了解你、尊重你，而賦予你可觀的自由發揮空間。事實上，美國建國先賢傑佛遜（Thomas Jefferson）對聲譽的觀察，就讓我們想起阿基米德所說的槓桿的力量。傑佛遜在一八一四年十二月寫信對何西・科瑞亞・達塞拉（José Corrêa da Serra）說：「我一向認為樹立好榜樣比追隨壞榜樣要光榮得多，而且有利得多。人類的善意觀點，會像阿基米德的槓桿一樣，只要找到支點就能推動世界。」[29]

擁有最充實的生活是我們很多人追求的目標，而且就像邊沁認為的那樣，透過槓桿來運用更多資源並沒有什麼道不道德的問題，但這是生活多采多姿的祕訣。從歐威爾的孤軍奮鬥到昆斯的大兵團作戰，都是自己選擇要對哪些有意義的關係做出承諾，來獲取及運用資源，這些都反映出你自己的偏好和品味。但不必害怕運用槓桿，你不運用槓桿就無法發揮更大力量來完成更多成就。最重要的是向標準更高的人做出承諾，負起更大責任，還能讓我們更臻完善。這不但延年益壽，也能讓我們獲得更豐富的生活，在這個過程中進而推動世界。

靠著槓桿邁向夢土

在一九九〇年代初期，昆斯一度摔得很慘。當時他才剛心力交瘁地經歷離婚，而且就在他的事業面臨突破之際，他的父親溘然長逝。那時候昆斯正開始「慶祝」（Celebration）系列的大型創作，包括彩蛋、氣球狗和情人節之心等大型雕塑。但他的完美主義讓他付出昂貴代價，有一件彩蛋作品已經花了三萬五千個小時的人工成本，最後卻因為他覺得不夠完美而作廢。在這個過程中，跟他合作的幾家交易商和鑄造廠都破產了，而昆斯自己的工作坊曾經有一百多位員工，到最後裁到只剩兩個人。

但昆斯還是沒有放棄高槓桿的生活。他找到另一家交易商為他的工作提供資金，然後在接下來的十年完成他最知名的系列作品。在二〇一四年，美國的惠特尼現代藝術博物館以前所未見的大手筆，全館展出昆斯的作品。他的高槓桿賭注獲得難以想像的回報。

昆斯似乎很清楚槓桿的力量，也把它跟藝術本身聯繫起來。在談到他的著名雕塑作品〈大力水手〉（Popeye）時——這個卡通人物只要吃了菠菜就會變成超人——昆斯把藝術和槓桿力量聯繫在一起。昆斯說：「這個會有一種超越感……他吃了那罐菠菜，就能發揮出力量。我認為這就是藝術啊。那個菠菜就是藝術。藝術可以改變你的生活，可以擴展你的世界，讓你的生活獲得一種開闊廣袤。」[30]對於槓桿的描述很難找到比這個更貼切的了。誰知道菠菜、藝術和槓桿竟然都有關係啊？

這個〈大力水手〉作品後來還有一段小故事剛好可以做為本章的結尾。二〇一四年賭場大亨史蒂夫．溫恩（Steve Wynn）以二千八百萬美元買下那座大力水手雕塑。溫恩的爸爸以前也在康乃迪克州開了幾家小賭場建立一個小型的遊樂事業王國。不料在溫恩十九歲的時候，他爸爸過世還留下三十幾萬美元的負債，讓他連學業都無法繼續。但溫恩沒有因為這個打擊而受挫，他往西部去到拉斯維加斯，精打細算地運用槓桿，開辦賭場「大金礦」（Golden Nugget）也建立了自己的事業帝國。如今大力水手就站在拉斯維加斯永利飯店（Wynn Hotel）購物商場的大廳，這裡正是靠著槓桿向前邁進的夢土。

第 7 章

失敗為成功之母：

破產，讓人坦然面對失敗

喬治・華盛頓（George Washington）在一七八九年籌組內閣，為才剛成立仍處風雨飄搖的美國奠定穩固基礎。他知道這個國家在財政上非常困難，因此也設立了財政部。由於美國財政正陷於嚴重窘迫，這個第一任財政部長的人選就頗費思量。幸運地是當時的華盛頓有一位明顯的候選人，他待人親切有禮，一生經歷非凡，贏得許多朋友的信賴，而且在財務上的誠實正直也是無可挑剔。他就是羅伯特・莫里斯（Robert Morris）。

羅伯特・莫里斯？他是何方神聖？當然人選不是應該是亞歷山大・漢密爾頓（Alexander Hamilton）嗎？

要不是因為幾個命中註定的選擇，莫里斯現在應該是在十美元鈔票上頭風光，更別說是理查・羅傑斯劇院（Richard Rodgers Theatre）的大廣告（譯按：這是指第四章開頭提到的音樂劇《漢密爾頓》）。跟漢密爾頓一樣，莫里斯也有個悲慘童年，遭到父母拋棄。但他很幸運地在當時費城一家航運和金融大公司獲得實習機會，憑著聰明才智往上爬，和老闆的兒子一起經營公司。莫里斯還是個狂熱的愛國主義者，不但簽署支持「獨立宣言」，而且在〈邦聯條例〉（*Articles of Confederation*）和美國《憲法》等歷史文件上也都留下名字。像這樣同時簽過三份文件的人只有兩位，而莫里斯就是其中的一個。華盛頓在一七八一年根據聯邦條例任命莫里斯擔任第一任的財政總監（財政部長的前身），而他即以此身分設立美國第一個中央銀行——北美銀行（Bank of North America），這個機構是為了解決年輕共和國的財政困境。

但是這些都還不是華盛頓說他是「革命金融家」的原因。莫里斯在緊要關頭甚至是投入自己身家，以個人信用做擔保來維持獨派的軍火供應，包括使用他自己名字的借據來資助華盛頓打贏一七八一年的約克鎮戰役，成功扭轉局勢。為什麼他的借據可以當錢來用？因為當時莫里斯在殖民地商業界形象高大，根據法學家布魯斯．曼（Bruce Mann）的說法：「美國經濟界像這樣的大人物，要到一個世紀以後的摩根（J. P. Morgan）和老洛克菲勒（John D. Rockefeller, Sr.）才再次出現……他是共和國早期最符合現代標準的經濟大人物。」[1]

所以華盛頓需要一位財政部長的時候，他當然會先去找羅伯特．莫里斯。可是莫里斯拒絕這項提議。他在革命戰爭期間仗義輸財，個人身家早已枯竭，因此他現在急著重建財富，所以推薦漢密爾頓擔任財政部長。這時候你可能正拍著額頭，嘆說：「他在想什麼啊？」不過這個選擇金錢而放棄公職的故事還有精采後續。

剛開始，莫里斯做得很成功，他的北美土地公司（North America Land Company）是美國有史以來最大的土地信託公司（也可以說是第一個房地產投資信託基金），擁有六百多萬英畝的土地（整個紐澤西州還不到五百萬英畝）。而且他還擁有紐約西部的大片土地，連後來成為美國首都的哥倫比亞特區都有四成的土地是他的。

但是這樣一位愛國者、金融家、高大上的公職人物，你怎麼會沒聽過呢？別難過，因為這位革命戰爭時期的巨人，在那個時代的許多報導中就已經被遺忘了。通常歷史是由贏家寫下來的，而莫里斯並不是最後的贏家。他的房地產事業當然是仰賴巨額的融資槓桿，但他的幾個合夥人卻以各種方式欺騙他。到了一七九〇年代中期，婉拒財長職位之後才五年，莫里斯已淪落到無力清償債務的地步，不得不落跑躲債。

最後債權人還是找到莫里斯，而當時欠債不還是要坐牢的，所以他進了監獄，而且坐牢還要花錢付費。這時候的他已經是恩寵盡失的倒楣鬼。因為他無力履行承諾，莫里斯在債務人監獄關了三年。一八〇一年出獄後，他在暗淡、簡樸中又活了五年，最後安葬在費城基督教堂一個很不起眼的墓地，距離他坐牢的監獄只有幾個街口。

一個曾經是這個年輕共和國最富有的人，第一任財政部長的人選，最後卻一文不名地死去，在大部分歷史書中連註腳都上不了。一步踏錯，全盤皆輸……。

但莫里斯確實還是有一個受到忽視的遺澤流傳至今。根據十九世紀費城名人約書亞・法蘭西斯・費希爾（Joseph Francis Fisher）的說法，莫里斯的破產「就像一場小地震一樣，大家都嚇得發抖，擔心自家屋頂會垮下來砸到自己頭上」[2]。那時候的喬治・華盛頓甚至冒著感染黃熱病的危險，去監獄探望老朋友和他吃飯。這一次恩寵崩落的幅度之大，讓整個美國感到震驚。而莫里斯流傳後世的恩澤，因為他是從那樣的高度失足墜落，讓這個年輕國家瞬間警惕起來，徹徹底底地重新檢視及思考如何面對失敗和財務困境等問題。這些思考帶來「破產」的現代概念，成為廣泛理解失敗極佳的指導方針。正如美國航空公司（American Airlines）的個案研究所表現出來的，我們從破產的複雜性質可以看到生活中必要承諾的相互衝突。

重新定義失敗，是重生的機會

年輕美國努力十年完成第一部《破產法》，很快在一八〇〇年通過，這是對莫里斯因債坐牢的直接回應。正如布魯斯・曼所言：「連那位莫里斯都可能會變得那麼慘，很多人都覺得太不可思議了……當國會終於在十二月開議審查那個法案，就是在『那個偉大人物』的陰影下，他就在兩個街口外的監獄中踱步。這也是國會對此首度進行實質辯論。」[3]

一直到一八〇〇年以前，無力清償債務的借款人都被稱為道德上的失敗，所以通常就要坐牢。事實上，過去歷史上的懲罰除了囚禁坐牢外，還可能沒收財產、脖子和手戴上木枷、砍手砍腳的刖刑，甚至被處死。清教徒的布道會上總是宣揚欠債不還是如何如何罪大惡極的觀念，不管狀況怎麼都要先把債務還清。但是連那位莫里斯都可能變得這麼慘，讓大家對於破產的看法發生變化，如布魯斯．曼所言，這變成「破產法案的一個里程碑」[4]。

此後，事業失敗不會再被當做是道德失敗或罪惡，而開始朝向一八〇〇年法案所顯示，不是一種承擔風險以後的合理後果。如果事業失敗是冒險行為的後果，那就需要修改法律，不能完全從金主的角度來看問題。一味地懲罰債務人，既沒什麼用處，也非常不人道。事實上，這個剛獨立的共和國非常迫切需要冒險家，只是一味地懲罰他們，結果就是一七九〇年代的經濟寒冬，百業蕭條。這個年輕國家如果想要蓬勃發展，就必須重新定義失敗，減輕伴隨而來的道德譴責。

有個例子可以顯示這個轉變。過去歷來都只有債權人有權利宣告債務人破產，但一八〇〇年的法案允許債務人自行宣告破產。現在我們把這種情況視為理所當然，企業和個人可以自行決定宣告破產，而不是被債權人逼得走投無路才出此下策。但是在一八〇〇年的法案以前，債務人並不能宣告破產來尋求保護，過去的法律只是在保護債權人權益不會受到債務人不負責任的魯莽冒險所侵害。

因為債務人可以宣告破產，在債權人同意後即可「免除」債務，商業機構也得以毫無負擔地重新開始。其實莫里斯在一八〇一年能夠獲釋出獄，就是因為三百多萬美元的債務已經獲准免除，法院和債權人都知道他已經一窮二白沒錢還債了。後來莫里斯就靠著一位朋友的微薄津貼，才能跟他太太平靜地過日子，度過餘生。

法律對於失敗的重新定位，在許多方面也有著深刻迴響。不管是我們自己或他人不幸失敗時，也不應該被看做是道德問題。有冒險就會有失敗，這是一定的！失敗雖然是個很不好的結果，也有許多珍貴教訓在裡頭。把冒險後的不良後果和道德譴責相結合，會讓我們更不願意去承擔風險，也失去從失敗中學習的機會。要是我們會因為自身失敗而懲罰自己，就跟古時候欠債不還就要戴枷受罪和坐牢沒兩樣。

只會譴責詆毀失敗的組織，實際上是更傾向於重複失敗而不能從中學到教訓。我的同事艾咪．艾德蒙森（Amy Edmondson）曾研究過美國航太總署（NASA）在「挑戰者」（Challenger）號太空梭發射爆炸到醫院醫療疏失等各種失敗案例的應對策略。她的結論是：我們必須承認「今日的複雜工作組織的失敗事例是一定會有的。那些能在失敗中學習，比別人更早挑出錯誤和提出糾正的就會成功。如果只會譴責，那就難囉。」[5]

領先業界的創投基金，百色美創投夥伴公司（Bessemer Venture Partners）就把這一點做到極致，他們曾把過去錯失的投資機會全部公開，以昭炯戒。那些未能獲選進入他們投資組合的今日之星包括：谷歌（Google）、蘋果、易趣網（eBay）、臉書（Facebook）和聯邦快遞（FedEx）。如果失敗可以做為教訓的來源，它們就不該應受到詆譏。

脫離道德譴責，重新定義失敗，自然就能理解宣告破產其實是重生的機會，而不是象徵死亡。《破產法》裡頭允許免除債務，足以證明該法係以重生為核心，並不光是宣告死亡。為了讓破產的企業重新站起來再次出發，最重要的改變必須在宣布失敗之後馬上開始。從羅伯特．莫里斯到雷曼兄弟公司（Lehman Brothers）的破產都顯示，在這個過程中維持有條不紊的秩序對於日後的重生是多麼重要。死亡和重生在文字上看起來似乎是兩個極端，但實際上在破產的法律文件和司法實務上處處可見。正如布魯斯．曼所言：「破產法的基本兩難，始終就在於它到底是宣告死亡還是重生。」[6] 這也是收購艱困企業的投資人就算被譏為「禿鷹」，也毫不退縮的原因。

在一八〇〇年之前，債務人經常要被債權人追捕。莫里斯離開費城落跑躲債時，是家人在鄉下房子設置路障圍欄，才讓他免於當場被逮，當時他躲在二樓，跟外界都是靠著吊桶用書面來溝通。有一陣子債權人找來一位治安官，率領六個壯漢帶著鋤頭和大鐵錘，準備破門而入逕行拘提。莫里斯在回憶這件事時曾說，當時幸虧有幾個朋友陪伴在側，「要不是房子裡頭大家都拿槍對準他們（治安官的人馬），我大概五分鐘就被抓了」。

莫里斯和債權人的對峙，讓大家都付出昂貴代價，包括他的債權人。在那段期間，莫里斯的土地被一些不相干的人強行占據，稅務官也胡亂查扣他的產業，使得房地產價值大幅虧損。莫里斯的經驗顯示，破產程序的問題通常不在於保護債權人免於債務人耍賴侵害，而是應該要保護債務人免於被債權人的無理催逼，因為魯莽急躁反而會傷害整體資產的價值。

即使是法規制度較過去已是大為完善的現在，一場混亂無序的破產也要付出高昂的代價，二〇〇八年雷曼兄弟公司的破產就是一個最近的例子。那一年，美國政府協助許多金融業者緊急脫售或提供金援，沒想到雷曼兄弟公司卻突然破產，而且規模之大空前未有，整個金融界震驚不已，使得狀況極為混亂。該公司宣告破產時，那些掌管六千億美元資產的文件竟然是一天之內擬定提交，事先完全沒有準備。這個毫無計畫的破產，果然讓大家兵荒馬亂了幾個星期，估計索賠方因此損失高達七百五十億美元。

那麼有秩序的破產是怎樣呢？現代企業破產的四項明確規定，都是為了確保破產混亂下的重生機會，而這樣的處理方式在我們個人生活中遭遇失敗時也頗為有用。首先，宣告破產後隨即啟動「自動中止」（automatic stay）期，在這段期間內，債權人不能向債務人催逼請求以免發生混亂，讓債務人能夠擬定完善程序。第一、破產程序必須由公正的仲裁人

（referee）負責察看監督；事實上，一直到二十世紀負責破產監督的法官和託管人員才被稱為仲裁人。這些仲裁人必須在相關人士爭取自身權益時維持各方面的平衡。

第三、尋求專業顧問的協助，包括律師、銀行家、會計師等，才能達成最好的結果。此時外部協助與建議被認為是非常重要，所以顧問費請求在企業資產處置上也是列為最優先。最後，債務人享有催債中止期，是為了讓他們提出一套計畫，而這套計畫就是企業從破產中重新站起來的關鍵。它必須以向前展望的態度提出說明，公司要怎樣才能產生最大的整體價值，而不是討論索賠的各方如何切割殘體。

因為債務人無法履行承諾，債權人提出許多緊急而矛盾的要求，這些破產所引發的混亂，跟我們在日常生活遭遇失敗的情況極為類似。運用槓桿的生活，也可能導致我們做出超過能力範圍的承諾。那些能夠應付商業失敗，達成有用結果的方法，跟日常生活中的處理方式也很像。遭遇失敗時，又輕舉妄動就太傻了。所以趕快找人幫忙，擬定一套向前看的計畫才是最重要。這個計畫必須坦然接受失敗，承認自己沒有做到承諾，但它是要確保你在未來可以發揮最大能力。不要因為失敗而一味地懲罰你自己，而是要把它當做是重生的機會。為自己爭取一些呼吸空間（自動中止），從家人、朋友和專業人士那裡獲得協助，不再陷於過去而開始展望未來（擬定恢復計畫）。

我學業上最大的失敗是在企管碩士畢業後轉攻博士班時發生。那時候我拿到碩士學位後先去印度一年，才又回來攻讀政治經濟學的博士班。我知道自己並沒有博士班課程要求的數學及統計學背景，可是到底狀況是怎樣我根本沒概念。才上第一學期我就知道水深火熱了，個體經濟學的第一次期中考完全把我打敗。我瞪著水藍色的試題卷，不知道怎麼辦才好，只好草草寫下一些幾乎文不對題的答案。結果我得「B⁻」的成績，這個分數雖然是全班最低，顯然還是對我相當寬大仁慈。

當時我對自己在學業上選擇這條不太正統的道路已是多次懷疑，也知道自己其實還有別的選擇。就在我準備打電話給人事部門請他們幫我找個工作時，我先去找我的教授聊一下。那次談話我一直都還記得。他沒有質疑我的學術能力，沒說我適不適合攻讀博士，也沒有對我不耐煩。他只是聳聳肩說：「這種事情總是會發生的。」他沒有讓我覺得內疚或更加懷疑自己，但也沒對我提出保證。他的寬大善意只是在提點我，把這些挫折全部拋諸腦後。正因為他的善意和智慧，我把這次考試失敗當做是一次新的開始，而不是一逕地責備自己。

可以重整、討價還價的好方法

到目前為止我們已經看到，處理破產和財務困境必須把失敗當做是重生機會做為前提，不能只是看成羞辱，在危機過後必須集結外部的協助，耐心而周到地擬定計畫。不過真的這麼簡單嗎？我們應該原諒那些失敗的人，讓他們重新開始嗎？破產之後就這樣？

雖然有的純粹只是運氣太差，但破產和事業失敗大多有相當複雜的道德問題。我們現在來看一個例子，這是說有些人儘管還是付得起貸款，但他買的房子已經跌到抵押設定的價格以下，這時候他考慮再來要怎麼辦；這是二〇〇八年金融危機以後很多人都面臨的疑難。他應該直接放棄這間房子，讓銀行來承受損失，還是應該繼續付貸款？這個狀況挺複雜的，因為背棄承諾會引發一些道德問題，例如：做出承諾到底是什麼意思？背棄承諾之後誰會倒楣？如果我不背棄的話，又是誰來背負苦果？以這個房地產的例子來說，就像是我離開這間房子，鄰居會因此受到困擾嗎？如果我堅持下去，會不會反而是孩子們要受苦？

傑拉德．亞畢（Gerard Arpey）在一九八二年進入美國航空公司，當時他二十四歲。到了二〇〇一年，他已升任運營部門主管，二〇〇一年九一一事件發生時，他在聯邦航空管理局下令之前，就勇敢做出決定叫美國航空公司所有飛機停留原地，不准起飛。二〇〇〇年代他擔任執行長，又再次受到考驗。當時美國航空的主要競爭對手都已宣布破產，好跟工會勞工重新談判成本高昂的退休金及勞動契約（有些人會說這是違背當初的約定）。只有美國航空不利用破產為手段來跟工會談價還價。亞畢說這是道德問題：「你就說我是已經趕不上時代的老古董！但我認為企業應該要回饋大家啊，企業應該信守承諾，對員工、對社區都是。」[7]

到了二〇一〇年，很多競爭對手宣布破產而且又互相合併，美國航空還是陷入苦戰。亞畢承受莫大壓力，而宣告破產正是進行重整的好方法，但他還是不願意這麼做：「這個產業常常會讓你必須妥協，但我還是相信這裡頭有些原則是不變的。只要我們履行對於債權人的承諾，為退休計畫找到足夠資金，在雙方同意之下盡全力做好每件事，我想信長遠下來，對我們公司和股東都會是好的。」[8]很多人都說亞畢真是企業執行長的典範。美國前參議員也是美國航空公司董事大衛．博倫（David Boren）表示：「他在美國企業界可謂鳳毛麟角，對於公司和員工都展現出忠心和真誠……如果有更多人擁有傑拉德．亞畢的責任感、品格和能力，這個國家一定更好。」[9]

到了二〇一一年，亞畢遭到董事長湯姆．荷頓（Tom Horton）和董事會的逼迫，而荷頓正是亞畢推舉才上任的。二〇一一年十一月二十九日，荷頓和董事會投票決定讓美國航空公司宣告破產，亞畢在同一天也宣布辭職。亞畢沒拿退職金就走了，公司由主張破產的荷頓接手。美國航空的破產律師說：「我們現在說的是一個緊急狀況，關係到這家公司的生死存亡。」[10] 美國航空宣告破產時其實手上還有將近五十億美元的現金，但荷頓也說得很明白，美國航空地位不穩，主要是「與競爭者比較下的成本狀況」，其中的差距就表現在勞動契約和退休金負擔。宣告破產可以讓美國航空重新談判這些契約，讓工會承受更大壓力，同意讓步。而他們採取的做法首先就是廢除勞資雙方集體談判協議中的幾個部分，這如果不是在《破產法》的保護下，簡直是不可思議。

亞畢後來說：「我認為盡全力履行承諾，對公司特質和最後的長期成功是非常重要的。覺得自己可以不管承諾就這麼走開，不論是在企業層面或個人，都是不好的想法。」他的承諾為他贏得許多崇拜者。《紐約時報》在美國航空宣布破產後的第二天就刊出一篇評論亞畢的特稿，標題是〈執行長的道德立場〉。

把破產當成重新談判的策略工具

美國航空公司破產的故事，還有亞畢的抗拒，可以說明為什麼很多人對於宣告破產的做法感到不安。是的，金融教我們要寬恕那些失敗的人，最重要的是給他們重新開始的機會。但拋棄自己的承諾難道沒有錯嗎？我們不是應該對這些承諾負責嗎？如果破產都不必承受任何恥辱或懲罰，是不是有人會利用這個方法，在不必要的狀況下也宣告破產？那麼破產就不再是失敗，而是變成重新談判的策略工具。事實上，美國航空的破產就被說是「策略性破產」。聽起來完全就是川普風格。

美國航空激起的道德反感，也能在其他狀況下找到類似的感覺。我在我工作中唯一最討厭的事情，就是因為打分數和到課狀況必須跟學生打交道。哈佛商學院對於學生到課的要求很嚴格，選課就等於答應要來上課。這個承諾會被重視，是因為要做到有效的個案研究討論，就需要大家的參與和努力。哈佛商學院對於學期評分也有嚴格限制，成績最差的一〇%必定是不及格，而任意缺席曠課會是你成績掉到最差一〇%的重要因素。因此我就不得不面對個別學生一些行政管理的問題。

有時候事情很簡單，如家人不幸過世，學生可以缺席嗎？這當然沒問題。但通常狀況沒那麼單純。「有個老闆叫我搭飛機過去面試，我可以缺課嗎？」「有個千載難逢的機會，我要在學校拜會我敬佩的風險投資家，我可以不去上課嗎？」「我今天起床後頭痛得要命，我可以請假嗎？」「我明天要交一份報告，還需要一些時間才做得完，我可以缺席嗎？」這些都是我們在職業生涯中會碰到的一些小例子，那些要求原諒的人其實是違背了他們原本答應要付出努力的承諾。

通常我的回答是：「當然可以，去吧。」不過我心裡其實是在想：「是這樣嗎？」為什麼那個承諾會比你答應來上課還重要呢？你知道你自己答應要來上課，就應該信守承諾啊。而且如果不讓他們付出代價，我是不是在鼓勵一種不負責任的背棄？反過來說，我不就等於是在偷偷懲罰那些忍受頭痛還是盡力來上課，堅守自己承諾的學生嗎？還是因為我知道那些找藉口要求原諒缺席的學生，到學期末也一定會來抱怨說我分數打太低，所以我才說「可以」的嗎？我回答說：「當然可以，去吧」是在傳達出什麼樣的激勵呢？

簡單地說，我是想問說：「為什麼他們不能像傑拉德．亞畢那樣呢？為什麼他們不能做到自己的承諾呢？」然後我才想到追究他們做不到像亞畢那樣，是我工作中唯一最討厭的事情，所以我都放過自己：「當然可以，去吧！」

跟其他一些大事比起來的話，這些當然都是一些微不足道的小事。比方說，有個好朋友已經結婚十年，他最近問你說他正在考慮跟他太太離婚，這對他們的兩個年幼孩子必定產生嚴重後果。那麼對於他跟孩子與太太的承諾，你會給他什麼建議呢？我們可以簡單地對他說：「你覺得好就好。」或者是：「你之前已經對他們做出認真的承諾，不能離婚啊」。

所以宣告破產才會這麼讓人擔心又有趣。它之所以引人深思，是因為這表現出我們對於承諾的態度，以及面對各種相互矛盾的義務，我們又要怎麼處理。僵化的禮教規範，例如：「你應該始終堅守自己的承諾」，或者是避重就輕地回答說：「去吧，別擔心那些承諾。去做你覺得最適合的事情。」其實都是不夠的。人生中最艱難的時刻往往就是因為一些難以取捨的義務和責任，以及如何駕御操縱它們。就像破產決策在本質上是為了處置企業或個人做出的各種相互競爭、看來又似乎難以為繼的承諾。

相互衝突的責任義務，是創造美好生活的條件

哲學家瑪莎．努斯鮑姆（Martha Nussbaum）的著作《善的脆弱》（*The Fragility of Goodness*）正是討論這種義務責任衝突矛盾的困難，其中甚至批駁了康德（Immanuel

Kant）關於責任的絕對論概念。努斯鮑姆對康德挺嚴厲的，但是她的基本觀點是正確的，即照字面上的說法，康德沒有責任衝突這回事。你要是覺得衝突，那是因為你還沒搞清楚正確的優先順序，只要徹底弄明白，就不會有衝突。康德認為履行責任才合乎道德，這樣的要求既清楚又明確。康德一定很喜歡亞畢這樣的人吧。

但努斯鮑姆認為這世界可是要複雜得多，她引用希臘悲劇的例子來闡釋，並不是搞清楚責任的優先順序再依序完成就能過上美好生活。我們的生活其實原本就不是秩序嚴明，而是混亂複雜，所以會出現許多互相矛盾衝突的責任義務也很正常。努斯鮑姆認為也許跟我們的直覺相反，謹慎處理這些相互衝突的責任義務，才是創造美好生活的條件。

例如：古希臘劇作家埃斯庫羅斯（Aeschylus）的《阿伽門農》（*Agamemnon*）說，阿伽門農要帶兵出去打仗時，眾神要求他犧牲自己的女兒伊菲格尼亞（Iphigenia），才會保祐他安全抵達。阿伽門農在眾神、軍隊和女兒之間的矛盾衝突不知如何是好。如果他拒絕犧牲女兒，許多人包括他女兒都會死。阿伽門農十分痛苦：「不服從（眾神）是沉重的命運，犧牲女兒也是一樣沉重。忍心讓父親沾染祭壇少女的鮮血，她是我家的驕傲。但要選哪一條路才沒有罪惡？」[11]

在矛盾衝突的職責間苦苦掙扎，印度教經典《薄伽梵歌》（*Bhagavad Gita*）中也有清晰描述。這個故事是說，偉大戰士阿周那（Arjuna）在戰場邊看到敵對雙方都是自己的家族親友而感到痛苦掙扎。就像合唱歌隊勸告阿伽門農趕快動手，大神黑天（Krishna）也叫阿周那善盡職責與家族對戰，不要顧慮責任的衝突；或者像是詩人艾略特（T. S. Eliot）著名的精采闡釋：「不是告別，而是向前行，航海者。」[12] 最後阿伽門農殺了自己的女兒，阿周那奮力投入戰場與家族廝殺。努斯鮑姆引用的例子說明責任衝突的悲劇正是生活的本質，她可不認為阿伽門農和阿周那只要排好優先順序就能把那些狀況處理得妥貼完善。

不過這些故事也太戲劇化了，怎麼會跟我們現在的生活有關呢？她在一九八八年接受比爾・莫耶斯（Bill Moyers）專訪時，也曾用希臘悲劇來形容自己在工作和承擔母親職責之間的掙扎。她最後可沒用「俯身向前、努力表現」（leaning in），或者說什麼「公私兼顧」這種不痛不癢的話來敷衍，而是明白承認這種責任衝突帶來的緊張和壓力是再基本不過了，人生本來就是要在艱難之中不斷地掙扎取捨。她認為這樣的掙扎正好反映出她的生活是多麼充實又豐富。努斯鮑姆認為深刻地感受到各種責任義務的衝突和混亂，正是美好生活的本質。在《善的脆弱》中她寫道：「我的價值組合越豐富，（責任衝突的）可能性就越大；刻意避開這種可能性的生活，很可能就是貧乏。」[13]

在美國航空宣告破產的故事中，你也可以看到一些這樣的智慧。二〇一一年十一月二十九日（提出破產申請那一天），美國航空的股價跌掉了八成，每股只剩〇．二六美元，很多投資人都賠得慘兮兮。但事實上那一整年，美國航空都問題重重。二〇一一年剛開始的時候，美國航空的股價還在七．七六美元，等到提出破產申請之前卻已跌到一．二五美元。由於亞畢一直拒絕宣告破產，美國航空的營運飽受各種威脅，例如：例飛機公司懷疑它大概活不了太久，很可能付不出購買新飛機的錢，使得美國航空更新機隊的行動屢次受阻；其他航空公司合作夥伴也開始懷疑跟美國航空聯營航線的協議；謠言指出機師可能集體退休，趁公司還沒破產前先爭取較多的退休金；信用卡公司會不會繼續為美國航空提供購票服務也成了疑問。在這些衝擊陸續醞釀下，種種跡象顯示美國航空好像是快完蛋了。

事實上，也有很多人認為亞畢遲遲不願宣告破產，只是讓美國航空面臨更大風險，要是他早做決定，美國航空反而有最好的長期生存機會。在公司內部，亞畢的部屬說在破產之前，他們只是「拖一天算一天」，「淨做一些自以為可能的事情，而不是那些必須做的」[14]。

後來的破產重整之路也真是精采。全美航空公司（US Airways）嗅到可趁之機，其執行長提議說要跟美國航空進行對等合併，但全美明明小很多。接替亞畢擔任執行長的荷頓拒絕全美的提議，因為美國航空覺得自己規模較大。荷頓隨後立即變更勞動規則，重新跟員工展開談判，平均每哩飛航人力成本從原本的四．二五美元降低到三．五〇美元，跟其他主要航空公司差不多。當然退休金的負擔也減少了。

公司突然宣布破產，讓工會火冒三丈，勞方為了加強談判火力，竟偷偷找上全美航空執行長共商合併事宜。等到全美的執行長說出這件事以後，荷頓知道合併已是難以避免，才又回到談判桌上。二〇一二年，美國航空的運營大有改善，不但人力成本已經降低、飛機也變得比較新，和幾家航空業者重新結盟聯營，而且油價下跌也帶來業外收益，這都讓美國航空有更多籌碼跟全美進行合併談判。因此最後宣布合併時，美國航空在新公司裡頭是占有七二％，而非原本提議的五〇％。在獲得反壟斷批准後，美國航空從破產中重生，於二〇一三年十二月九日與全美航空完成合併。但荷頓與工會之間的關係已是水火不容，所以合併後的新任執行長即由全美航空的執行長擔任。荷頓在那職位只待了兩年多一點。

最後在美國航空宣告破產時搶進股票和債券的投資人，在兩年內賺了五到十倍，那些長抱股票沒有急著脫手的股東也都沒有賠錢。但勞工那邊就不太好，勞動契約重新談判據估讓美國航空每年省下十多億美元的支出。

如今美國航空是全球最大的航空公司。在申請破產的當時，美國航空及全美航空（包括他們的地區性航空公司）總共僱用十一萬五千五百三十人，其中全職員工為十萬零八百九十六人。到了二〇一五年底，美國航空（包括所有地區性航空公司）已經成長為十一萬八千八百三十一位員工，其中全職人員為十萬二千七百四十四人。美國航空二〇一五年財報盈餘超過七十億美元，執行長說這是航空業者前所未見的佳績。

所以這場悲劇要怎麼理解？誰才是英雄？我以前的學生吉姆．杜貝拉（Jim Dubela）是美國航空資歷二十五年的資深機師，談到荷頓和亞畢時，他說：「到底誰才是『好人』已經有很多說法。那些退休金被砍掉一大部分的人，當然是覺得亞畢才對。不過做為一個商學院畢業的學生，我覺得亞畢應該更務實一點……荷頓的確是看清什麼應該做，而且他也做了。你擔任執行長，就要果斷堅決，清楚地傳達戰鬥計畫，不然你就輸了。但是在亞畢先生的領導下，我們並未能團結努力。這麼說實在讓我覺得很痛苦，因為我尊敬亞畢先生。非常尊敬。至於荷頓先生，他的果斷堅決的確是發揮了效果，只是從來未能獲得員工的信任。」[15]

所以荷頓做對了嗎？亞畢呢？阿伽門農呢？

不要逃避，而是欣然接受

那麼一個破產的愛國者、一家失敗的航空公司和一位犧牲女兒的父親，這些悲劇故事能告訴我們怎樣才會有美好生活嗎？努斯鮑姆說，這個教訓就是不要逃避責任衝突帶來的掙扎，而是欣然接受。她跟比爾．莫耶斯對談時，從歐里比得斯（Euripides）的《赫庫芭》（*Hecuba*）提煉出美好生活的意義。平常人大概不會覺得赫庫芭的故事可以帶來什麼啟示吧。赫庫芭曾經遭受到極大的羞辱，她失去了丈夫，從特洛伊女王淪落為奴隸，但她對自己的命運始終保持平靜。等到她看到自己的幼子被她所託付的朋友波利米斯托（Polymestor）國王殺害時，所有的平靜都消失無蹤。她用利刃刺進朋友的雙眼，又殺了他的兩個孩子。這麼可怕的暴力故事能給我們什麼教訓？努斯鮑姆說：

我認為這不是因為她是個壞人，而是因為她正是個好人，才會看重那份深厚的友誼，才會在道德生活上珍惜友誼。這齣戲所說的是就算是個好人，也會因為某些自己無法防止的事情而遭遇道德毀滅，所以才會讓人如此不安。當個好人就是要對世界抱持開放態度，充分體認到在某些自己無法控制的極端狀況下，自己可能遭到毀滅，可是那完全不是你的過錯。我認為這對道德生活揭示出某些重要訊息。這是對於某種闇昧無明的體認，而且願意承認我們對它無法掌控。這樣的基礎比較像是植物，而不是寶石，是一種相當脆弱的東西，它之所以特別美麗正是與它的脆弱不可分割。[16]

我們都是脆弱的生物，都在破產邊緣搖搖晃晃，我們在生活中對於諸多事物的深切關懷，注定會引發種種矛盾衝突的責任義務，而我們都要在其中苦苦掙扎。就像美國哲學家皮爾士所說的，拒絕不確定性才是錯誤，那是因為不夠關心就無法體會出那些相互衝突的責任和義務。

再回來說到美國航空的事情。亞畢似乎覺得自己是顆堅定的寶石，像個康德主義者那樣，以至高無上的責任法則，對於駕御未來充滿了不可動搖的信心。但努斯鮑姆認為雖然這種絕然態度讓人覺得很厲害，實際上卻是不承認種種相互矛盾衝突的責任和義務，不在其中苦苦掙扎才能做出艱難的抉擇。就此而言，荷頓才是那棵在矛盾衝突中艱苦奮鬥的植物，在破產程序的髒汙混亂中為那家艱困的航空公司找尋生路。《紐約時報》所說的執行長「道德立場」，搞不好是荷頓比較符合。

我並不是要說你要利用破產或者是以荷頓做榜樣。我想努斯鮑姆也不會建議大家去走赫庫芭那條路吧。但努斯鮑姆確實認為，悲劇正是我們追求美好生活的表現：「我必須在各種衝突矛盾而且顯然不能比較的『善』中不停地抉擇，這種狀況會迫使我不得不對某些事物不夠真誠、會犯下一些錯誤……而這一切都不只是悲劇的材料，更是生活實踐理性的日常事實。」[17] 同樣地，破產也是一個無法用單純道德觀或僵化決策規則來界定，而是必須深刻感受責任義務矛盾衝突的過程，一個美好的生活大概也正是如此。

第 8 章

為什麼大家都痛恨金融：
平反金融的負面印象

在最後這一章，我想從金融與日常生活的重疊交叉退一步來思考，提出一個不同的問題。如果說金融觀念像我所說的那麼崇高偉大，為什麼大家對金融的印象卻是如此片面，而且那麼糟糕呢？說得更徹底一點，要是金融觀念應該是讓人奮發向上，更加肯定人生，為什麼大家反而討厭它呢？對於這種狀況我們該怎麼辦？

金融人士常說，有多少錢才能追求夢想

愛爾蘭大師喬艾斯在一九三五年寫給女兒的信中曾談到一篇小說，說它是「我們所知的文學世界中最偉大的故事」[1]。喬艾斯本人在文學方面可是光芒萬丈，他推薦的這篇故事可說是濃濃的金融味，而且談到我們討論過的許多觀念。這篇故事也正可以說明大家為什麼都討厭金融。

這個故事是說，有個農夫巴宏（Pakhom）很不高興，因為他養的動物常常跑進隔壁地主的土地上，害他被罰錢。後來那個地主說要賣掉她的大片土地時，巴宏就想乾脆買下其中一部分，以後可以少繳一些罰款。不過他知道自己可買不起多少土地。

這時候就要靠金融了！為了抓住難得機會，一舉買下大片土地，巴宏借了很多錢來買地，這為槓桿的力量提供生動例子。在巴宏尋找融資的當下，他先付了一筆訂金好確保買地的權利，跟兩千年前最早利用選擇權來創造機會及承擔風險的泰勒斯一樣。巴宏也借錢買了種子，豐收之後還清債務，讓他成為「貨真價實的地主」[2]。巴宏「充滿了喜悅……過去騎馬經過那兒時，覺得跟其他土地也沒什麼不一樣，但現在感覺可大不相同」[3]。

這故事後來又有許多跟金融有關的描述，包括農民破產後的資產拍賣，討論到作物選擇造成的風險暴露，透過公社集合眾人之力共同對抗風險的例子，以及更多土地收購時的估價等。其實這篇故事可以當做金融教科書的導讀。

可惜這個農夫並未因此就過著幸福快樂的日子。他成為地主以後，也不得不對其他農夫施以罰款，這讓他覺得既衝突又尷尬。後來巴宏又搬到另一個地方，買下更多土地。在他運用槓桿買下更多土地後，「一切好像都很順利。可是他才剛剛安頓下來，又開始覺得土地還是不夠大」[4]。

後來巴宏認識一位商人，他說偏遠的巴斯基爾人（Bakshirs）村落有很多很肥沃的土地，而且那邊的人很好騙。於是他告別妻子，帶了很多東西準備賄賂巴斯基爾人，希望在那兒買下很多土地。他百般討好巴斯基爾人，然後在當地住下來和他們的長老商量買地。巴宏詢問土地價格時，長老回答說：「我們的價格一直都一樣，就是一天一千盧布。」[5]巴宏聽得一頭霧水，他原本以為土地應該是一畝多少錢才對啊。長老解釋說，巴宏可以用一天的時間來圈地，不管圈下多大的面積都是一千盧布。

巴宏想到自己可以買下一大片土地，樂不可支，他很高興地同意了。但是這個圈地價格有一個很重要的條件，就是他在天黑之前如果沒有回到早上的起點，他不但不能得到土地，連那一千盧布都要被沒收。那天晚上巴宏睡得很不安穩，一直做噩夢，隔早天一亮他就跟巴斯基爾人從起點出發，開始圈地。

剛開始的時候一切都很好，他很快就愛上眼前這片肥沃的土地。後來他在炙熱太陽下逐漸耗盡體力，在陽光一點一滴地消逝時又勉強跑回起點。他跑得全身脫水，幾乎喘不過氣來，又害怕自己趕不回來，所以跑到體力完全透支，好不容易才在天黑之前跑回起點。

然後，他向前一撲，人就死了。

托爾斯泰（Leo Tolstoy）這篇小說的最後一行回答了它的題目：「一個人需要多少土地？」

「巴宏的僕人拿起鐵鍬，挖了個墳把主人埋了。從頭到腳剛好就六英尺大。」[6]

托爾斯泰的這篇故事還有更多我沒有轉述的細節。那個在巴宏夢中出現的魔鬼其實就是背後的一切。在故事剛開始的時候，巴宏曾對他太太說：「我要是有足夠的土地，我連魔鬼都不怕！」[7]聽到這句話時，魔鬼回答說：「我會給你足夠的土地。而且就是那些土地會讓你見識到我的力量。」[8]魔鬼透過剛開始的幾次成功交易，在巴宏心中播下羨慕、嫉妒和貪婪的種子，利用那些土地把他玩弄於股掌之上。

事實上，我們很多人都說過巴宏那種話，只是方式稍有不同，像是：「要是我有更多X，就可以做Y。」這其實也是在討論「數字」，金融人士就常常在說需要累積多少錢才能去追求自己真正的夢想。

金融惡棍的形象，累積社會的不滿

托爾斯泰故事中那副慾壑難填的樣子，正是大家對於金融的看法。那些明確涉及金融的故事尤其如此。

以金融為主題的小說中，我最喜歡的是西奧多．德萊塞（Theodore Dreiser）的《金融家》（*The Financier*），出版於一九一二年。過去曾經擔任記者的德萊塞把書中主角法蘭克・阿傑農・考伍德（Frank Algernon Cowerwood，他中間那個名字是參考何瑞修・阿傑（Horatio Alger）樂觀天真的小說而來）塑造成貪婪無良的資本家，大量的金融細節描繪得頭頭是道。考伍德是精明銀行家的兒子，他媽媽跟他說，用心體會伊甸園的故事才是獲取智慧的最佳來源，但他對這種解釋並不滿意，反而是在住家附近的寵物店看到的一幕深有領悟。有一隻龍蝦正在慢慢吃掉烏賊，那隻烏賊雖然掙扎求生，最後還是死了。對於考伍德來說，這一幕捕捉到了一切：「這件事給我留下深刻印象。它概略地回答過去一直困擾我的謎語：『人生到底是怎樣？』就是互相吞食才活得下去。就是這樣。」[9]

考伍德十三歲的時候路過一家拍賣行，用三十二美元的價格買下七箱肥皂，但當時他身上根本沒有這筆錢（最後是跟他爸爸借），後來這些肥皂賣給家庭日用品的雜貨商，拿到一張六十二美元的支票。然後他用那張支票還清跟他爸爸借的錢，完全沒風險就利用槓桿在一天之內賺了三十美元，這份爽勁讓他欲罷不能。考伍德的賭注越來越大，他幾次大贏大輸，有些還是非法勾當。「一時周轉不過來」就挪用公款，他曾經入獄坐牢，後來又把全副身家賺回來。他貪婪無厭的金錢欲望，加上背德的情欲與通姦，還有種種巧取豪奪的手段和伎倆，德萊塞後來把考伍德的故事寫成一套三冊的大長篇，就叫做《欲望三部曲》（*The Trilogy of Desire*），這名字夠直白，誰也不會看錯吧。

德萊塞在《金融家》這部小說中想要捕捉什麼呢？德萊塞說，美國內戰後的金融狀況讓他想起羅馬帝國衰敗。德萊塞認為考伍德的故事以及更廣泛的金融，就像是：「人類心靈擺脫古老信仰與幻想，在還沒接收新信仰之前，所表現出來的奇特而有力的冷酷無情和殘忍。心智行動是受到欲望、野心和虛榮的驅使，完全不受我們現在所推崇的同情、親切和公平競爭所約束。」[10] 這個描述看起來就像現在許多人對於金融的看法。

從考伍德到電影《華爾街》（*Wall Street*）的高登．蓋可（Gordon Gekko）、布雷特．伊斯頓．艾利斯（Bret Easton Ellis）小說《美國殺人魔》（*American Psycho*）的派崔克．貝特曼（Patrick Bateman），還有唐．德里羅（Don DeLillo）小說《大多會》（*Cosmopolis*）的艾瑞克．派克（Eric Packer），這幾個人物可說是一脈相承。不過考伍德的塑造非常全面而完整，很容易引起共鳴。後來那些跟金融有關的主角人物就漸漸不那麼寫實，顯得更加殘酷無情，但也更片面、更單薄，難以獲得讀者的同情。然而這些角色身上始終不變的特質是不知饜足的欲望。每次塑造出新人物，都讓金融形象跌到新低，如此失寵的霉運正好反映出社會對金融不斷累積的不滿。現在美國人裡頭有一半以上認為華爾街對經濟是弊多於利。

對於金融如此聲名狼藉，我們也沒什麼好驚訝的。馬克．吐溫（Mark Twain）和菲利普．羅斯（Philip Roth）都說過，現實中的人物往往比小說家的幻想還要精采。最近在現實中最完美的金融惡棍，是馬汀．史克雷利（Martin Shkreli）。他出身自阿爾巴尼亞移民家庭，負責操作的對沖基金被控投資詐欺，他還經營一家製藥公司，把一種救命的藥物蓄意調高價格五十倍，在他被召喚到國會做證時曾引用《憲法》第五條修正案，曾經花了兩百萬美元買下嘻哈樂團「武當派」（Wu-Tang Clan）的專輯母帶（而且絕不跟他人分享），在網路上直播自己的生活，還公然跟未成年少女打情罵俏，才年紀輕輕的三十三歲就這麼囂張跋扈張揚至極。現實世界就有這樣的金融人物，哪裡還需要小說抹黑啊？

質疑貪多的想法，才是金融最基本的概念

既然現代對金融無饜欲望的描述如此泛濫，我們就想問：這個貪得無厭的欲望主題是否真的反映出金融的基礎概念？我們還真的很容易得出這樣的結論：事實上，金融就是指個人貪多務得的追求。電影《華爾街》中高登．蓋可說：「貪婪是好的」，不就是一個經濟學上的重要見解：追求私利在某些狀況下也能帶來好結果。不是嗎？

其實金融最基本的概念就是質疑貪多的想法。可是這個概念實在是太基本了，一個如此

基礎的概念，所以課堂上也沒人會特別談到，我以前也不曾說過。

就像我們之前看到的，金融所談的主要就是風險無所不在的狀況。保險和風險管理（選擇和分散）都是我們承擔及控管風險的活動。資本成本和預期收益是反映出我們承擔風險之後要收取的費用。而這一整套概念的基礎，是說所有這些風險都不是我們想要承擔的，所以我們承擔及執行風險管理要對某人收費。如果我們對於風險無動於衷，那麼金融活動的絕大部分都不必要了。什麼保險、風險管理都不必要，因為我們又不準備對風險收取費用。

我們對於風險的厭惡是從哪裡來的呢？要回答這個問題，可以來看看金融和賭博的關係。你會接受以下這個賭注嗎：「我投擲一枚公正的硬幣。如果出現是正面，我給你一千元，如果是反面，你給我一千元。」由於出現正面和反面的機率一樣，所以預期收益是零。

你願意打賭嗎？如果是十萬元，你的答案會不一樣嗎？如果只是十元呢？你要是對風險漠不關心，你會很高興打賭；要是你熱愛風險，那你可能真的會拿錢來賭，因為裡頭的不確定性會帶給你一些額外的樂趣；如果你討厭風險，那你要收錢才會下注。要怎麼收錢呢？就是說，贏了的報酬比輸掉的成本還多，期望值大於零，你可以獲得報酬才會承擔那個賭注。

這種思考實驗存在許多爭議，包括博彩業是否代表某些人必定熱愛風險的問題。但是風險厭惡和風險定價反映出我們大多數人是必須有錢可賺才願意承擔賭注的直覺。而金融在很大程度上是以風險厭惡為基礎，若非如此則保險根本不需要存在。

不過就我們的基本偏好來說，風險厭惡是什麼意思呢？當我們虧損一千元和賺到一千元，同樣是一千元，但虧損時感覺就嚴重許多，這又代表著什麼呢？如果是在沒錢又虧掉一筆錢和有錢又賺到一筆錢來做比較，風險厭惡更能反映出同樣一筆錢但對我們來說其價值並不相等。和有錢時又賺到一塊錢相比，沒錢時又虧掉一塊錢一定更痛苦。換句話說，我們的財富一塊錢又一塊錢地增加，但其價值卻越來越少。更正式地說，這就是「財富的邊際效用遞減」。

當然這裡頭還是有條件限定。比方說，行為金融學的一大部分都是根據虧損的不同反映來修正這個概念。

但是整個金融底下的基本概念就是：你得到的越多，其效用就會變得越少。除此之外的任何期待都不符合金融概念。所以你儘管搜刮斂聚，但是你得到的越多，滿足感就變得越來越少。所以妄想斂聚更多來獲得更大滿足，那就太傻了。這就是金融的基礎概念，但金融界一些人常見的行為和大家對他們的看法完全與此背道而馳。

容易吸引欲望無窮又膚淺的人

那麼這麼基礎的金融概念，金融從業人士怎麼跟大家一樣都忘了呢？我個人覺得這是個大問題，但我還沒有答案，至少不是一個完整的答案。

太過簡單的回答是說，大家都誤解了金融。其實這是一門崇高的專業，從事其中的人個個都有崇高理想，卻一直遭到詆毀誣衊。這種誹謗反映出古老的偏見，可以追溯到蘇格拉底以「貧瘠」來描述金錢，認為金融活動並不會產生任何實體物品。這種對於金融的妖魔化一直在我們身邊流傳，反映出這種無知的偏見。

另一個太過簡單的答案是，金融會吸引一些欲望無窮又膚淺的人。錯的不是金融實務，只是它特別容易吸引壞蛋。

我認為這些答案多多少少是有點道理。如果也是完整答案就好了。

但恐怕不是。我覺得金融可以在冒險其中的人身上滋生無盡的欲望，像巴宏和考伍德那個樣子，平常人也很容易就會有。年紀輕輕就運用槓桿創造出巨額財富，獲得極大的成功，就像巴宏和考伍德那樣。那麼問題就變成：像這樣的成功要怎麼理解。心理學家的文獻寫得很清楚，人往往把成功歸因於自己而非際遇，認為是自己的能力，而不是運氣。這種所謂

「歸因謬誤」（attribution errors）在平常生活中到處可見。

不過要說到這種謬誤的規模之大、程度之深，任何地方是都比不上金融界。金融人士在做決策時不斷接收到市場的回饋，這些決策帶來非常好或非常糟糕的結果。糟糕的結果會很快地合理化為各式各樣的環境因素，但好結果會被理解為是自身行為的結果。像這種自說自話欺騙自己的模式持續好幾年是完全可能發生的。事實上，身在其中的人正是需要這種模式來保持信心，才能獲得成功。不然就沒人拿你當回事了。我那些在金融界最成功的朋友們，對於他們的失敗投資從來不會多說什麼的。

歸因謬誤的頻率和程度，讓金融和其他各式各樣的專業幾乎完全不一樣。在商業、法律、教學和醫學（不包括外科手術）等方面，成功與失敗都要經過幾個月甚至是好幾年才曉得。但是在金融領域裡頭，尤其是對那些投資客來說，成敗是每天都以量化方式展現在眼前，每秒鐘跳動幾十萬可不是平常人消受得了。而且所謂的「市場紀律」讓整個金融籠罩著一層菁英迷霧，在他們置身其中的混亂而競爭激烈的市場中，投資客都以為結果反映出自身能力，而不會承認機遇與偶然的主導作用。這種歸因謬誤最後就很容易讓那些成功人士養出太多的自負和不知滿足的胃口。

當然也不是每個人都這樣。金融界還是有很多謙虛自重的人，也有一些技藝真正嫻熟的從業人員。不過那些實體考伍德和巴宏也夠多了，足以創造出那種刻板印象。金融市場甚至會讓這種模式蔓延到經濟的其他部分，比方說，矽谷的一些創業家都相信價值會不斷攀升的不實宣傳。金融市場的量化準確性，讓我們不會想把自己的成敗和品格聯繫在一起。

如果是說這個金融會創造混蛋的理論，那麼不是金融有問題，也不是金融吸引過來的人不好，而是金融會以一種非常強大的力量刺激我們的自我和野心。

如果是這樣的話，真正問題就變成：我們要怎麼保護自己，才能避免金融在生活中產生的個人風險呢？我認為最好的辦法，就是像美國詩人史蒂文斯所建議的那樣，從那些想像的努力和創作找到啟發，來保護自己免除風險。找到那些可以讓我們與金融維持有意義關係的敘述，幫助我們跳脫歸因謬誤的惡性循環，也許我們就不會淪為尋常金融描述中那副可悲可嘆的臉孔。

沒有正面形象的金融人物嗎？

那麼我們在描述金融的作品中只能找到一堆形象負面的反英雄嗎？跟金融有關的故事，

只剩下那種欲望貪得無厭的警示告誡嗎？全部都只有巴宏、考伍德、派克和史克雷利這種人嗎？描述嫻熟操作金融，不是只為了一己私利，而是透過主角作為來表現金融智慧的作家，難道一個也沒有嗎？

幸運地是的確有一位創作角色是如此的光明榜樣。只是這位作家描述的不是他而是她，這個主角不是個英雄而是個女豪傑。

薇拉．凱瑟（Willa Cather）小說《哦，拓荒者！》（*O Pioneers!*）中所描繪的亞莉珊德拉．柏格森（Alexandra Bergson），就是金融教科書中應該有的正面形象。亞莉珊德拉是上個世紀初從瑞典來到美國的第一代移民，住在內布拉斯加州平原，帶著三個弟弟管理一個家庭農場。她是模範金融家，運用許多金融教訓，但從沒掉進那些反英雄頑劣醜行的陷阱中。

我們來看看亞莉珊德拉做了什麼。在經濟危機期間，她的弟弟勸她以極低價格出售自家土地，但她反其道而行，反而靠著融資槓桿把附近的土地買下來，讓他們一家從貧苦農民翻身，成為獨立自主的地主。當亞莉珊德拉說要賣掉所有的牛，盡量借到夠多的錢，「掏盡我們的每一分錢，買下每一畝地」[11]，她的弟弟們都覺得她實在是太瘋狂。她擬定複雜的融資計畫，甚至把農場都抵押出去，萬一她對未來地價判斷錯誤，大概連利息都還不起。

亞莉珊德拉怎麼知道自己的判斷不會錯呢？她怎麼評估風險？抽樣調查。她帶著小弟安米爾（Emil）走遍附近幾個郡，「向男人詢問莊稼收成，跟女人討論家禽家畜。花了一整天時間跟一位曾經去遠方求學的年輕農夫討教，他正在試驗一種新的苜宿草料。她學到好多東西。」[12]

她從附近土地發現選擇的價值。別的房地產風險有限，報酬也有限：「那邊雖然只有一點點確定性，但對我們有利的，那就是個很大的機會。」[13]亞莉珊德拉看到的是一個像選擇權的報酬，下檔有限，但上漲空間無窮。

她弟弟路易（Lou）想確認她的預測：「但妳怎麼知道土地會漲價，夠妳還清貸款呢？」[14]亞莉珊德拉知道風險是免不了的，她回答說：「我就是知道。你要是開車經過那兒，就會知道那個地一定會漲。」[15]經驗和想像力使她能夠面對不確定性。在她的計畫成功之後，她喜愛的卡爾（Carl）說：「我從沒想過這樣會成功。我對自己的見識和想像力都太失望了。」[16]當時他們一家選擇離開而不是去承擔同樣的風險。

她也非常重視多元思考，還向伊瓦（Ivar）請教一些關於農業方面的奇特看法。伊瓦是個想法不太傳統的老人，常常有一些奇特言行引發眾人訕笑。對於她弟弟路易的反對意見，亞莉珊德拉說：「路易跟我對原料有不同的看法，這是件好事。要是一家人的想法都一樣，那就太糟了。什麼事也幹不成。路易可以從我的錯誤中學習，我也可以從他的錯誤學習。」[17]透過差異和多元觀點，他們一家和她的個人生活都獲得強化，而不是減弱。

亞莉珊德拉成功以後，把土地分給弟弟，但是她的弟弟竟說分家後亞莉珊德拉所創造的財富也是屬於他們幾個兄弟。他們翻出陳年老帳想強占她的財產，說是：「妳後來賺來的一切，都是從原本那塊我們男孩子辛勤耕種的土地而來……我們家族的財產，不管是登記在誰的名下，都是屬於家裡男人的。如果出了什麼問題，也都是男人來負責。」[18]亞莉珊德拉說這陳年老帳忽視了當時承擔的虧損風險，強調分家後的財富是她自己創造出來的。她堅定認為是自己所做的種種努力，才在土地上創造出價值，也因此堅決抵抗弟弟們的威脅。

顯然不受作者青睞的兩個年紀較大的弟弟都沾染了資產階級貪得無厭的惡習，卻又對金融抱持否定態度。路易對亞莉珊德拉喜愛的卡爾說：「有膽量的話，你就一股作氣，到華爾街，把它炸了！用炸藥把它炸了！」[19]占領華爾街！但卡爾回答說：「這樣只是浪費炸藥而已。另一條街也會做同樣的事情。」[20]凱瑟是在美國經濟大躍進時代寫這部小說，她並不把金融當做敵人來描述。

卡爾請她解釋她的非凡成功時，亞莉珊德拉也沒有把它歸功於自己。她回答說：「這都不是我們的功勞，是土地自己做到的。它開了個小玩笑。它假裝自己是個窮人，因為沒有人知道怎麼運用它，然後，突然間，它就自己動起來了。它從睡夢中醒來，伸伸懶腰，它是如此的巨大又如此的肥沃，然後我們突然發現，自己光是坐著不動也變富有了。」[21]她知道「運氣」也可以很好地解釋自己的成功，跟吹噓才能一樣。

亞莉珊德拉又是如何回應事業的成功呢？當她的弟弟們大肆採購，包括新式浴缸的時候，她那幢位於附近最富有農場的房子「很奇怪地未加修飾，而且也沒有弄得多舒適」[22]。那麼亞莉珊德拉這一切的努力都是為了什麼呢？她後來終於見到卡爾時，她說：「我要的不是錢。這麼多年來，我需要的是你。」[23]她最重要的成就不是財富和地位，而是讓她最小的弟弟上大學讀法學院，當願望達成時她歡喜至極，因為「她勤奮努力都是為了這一天」[24]。

當她的鄰居誤殺亞莉珊德拉心愛的小弟安米爾和她的閨蜜時，她的心完全碎了，但並未因此就想報仇。相反地，她對凶手感到同情：「他在一個陌生的國家，既沒親戚也沒朋友，一下子就把自己的人生毀了。」[25]亞莉珊德拉向他發誓：「我永遠不會停止嘗試，直到我原諒你。」[26]雖然她自己萬分悲痛，還是寬恕了鄰居，希望他走出這個災難，重新開始。

最後亞莉珊德拉考慮怎麼處理死後留下的土地和遺產時，她想要送給自己的姪子和姪女：「假如我把土地留給他們的孩子，又有什麼不同？土地是屬於未來的，卡爾，照我看就是這樣。五十年以後，這些土地會登記在多少人名下？我甚至可以把那裡的夕陽遺留給我弟弟的孩子。我們出生來到這裡，然後又離開，但土地永遠都在。那些熱愛和理解它們的人才會擁有它們，但只是一段時間而已。」[27]她知道自己只是個管家，是一條長鏈中的一環，負責照顧那些資源。

亞莉珊德拉．柏格森就是我們金融的終極英雄。她是善於操控風險的大師，知道怎麼運用經驗和想像力來評估風險，也會運用槓桿來改變至愛的生活。她看重多元分散，了解選擇的價值，也能堅決果斷地做出重大決定。她知道價值是怎麼創造出來的，也知道自己最終只是受到委託來管理那些資本。她寬容對待身邊那些失敗的人，知道自己的成功不該歸功於自己的才能。她並不執迷於冒險，也沒有養成難以饜足的欲望。對於親密友人和家人的關係，她始終樂於投入。考伍德、貝特曼、派克和史克雷利所欠缺的，在她身上都找得到。

要成為哪一種人，靠自己抉擇

你在紐約要是從東四十一街（即圖書館路）走去市立圖書館，就會看到那幢雄偉壯觀的建築。你如果花點時間在人行道上低頭欣賞一下，會看到地上有克雷格．李佛摩（Gregg

Lefevre）精心製作，九十六塊　有全球文學大師引文的銅雕鑲板。薇拉．凱瑟的《哦，拓荒者！》也是其中之一。

銅雕引文是來自亞莉珊德拉心愛的卡爾回憶過往時說的話：「我們人也不過就是這麼兩三個故事吧，但卻一再地重複，那樣的生猛有力，彷彿以前從沒發生過一樣。就像這裡的百靈鳥，唱了幾千年，也只是那五個音符而已。」[28]李佛摩的銅雕作品上一直重複這幾句話，讓凱瑟的感觸更為強化。

對凱瑟來說，我們所有人的生活最終都只是相似的幾個故事而已。其中有些人，正如我們先前所看到的，是一味斂聚不知饜足的空虛；但有些人則是真誠而奮勤的努力。要成為哪一種人，都靠我們自己明智地抉擇。我誠摯推薦——亞莉珊德拉．柏格森的故事。

結語

金融與人文的交界，提供優雅、美麗和共享知識的力量

不管從哪個方面來看，英國科學家兼小說家史諾（C. P. Snow）都是博學多才、學養深厚的大人物。他擁有物理化學家的學歷，是劍橋大學基督學院的化學組院士。他曾在英國上議院擔任議會祕書，也曾在公職體系擔任多種職位。他寫過《安東尼・特羅洛普》（*Anthony Trollope*）的傳記、一本懸疑小說，還有好幾本以學院生活為背景的小說。他曾列入英國布克獎最後的決選名單。一生的成就實在是都很不錯。

不過史諾最為人津津樂道的，是他在一九五九年發表的一篇短文。在〈兩種文化〉（*Two Cultures*）這篇文章，史諾嚴厲譴責把知識分子分成兩個敵對陣營的說法，即所謂的人文學者和科學家，按照這種區分等於他自己的一生遭到否定。科學家常常覺得，「傳統文化的所有文獻，好像跟他們的興趣毫無關係」[1]。他們當然是錯得離譜。但是因如此成見使得想像與理解能力低落，「造成自身的貧乏」。而人文學者也是刻意忽視自然科學，把它們

看做是欠缺統合視野的簡陋學門。但史諾認為，科學家不懂莎士比亞和人文學者不懂熱力學第二定律，這兩方的無知其實是半斤八兩，不相上下。

史諾認為：「這種兩極化對我們所有人都是一種損失。對我們個人和我們社會來說都是。」[2]史諾為什麼認為這件事有這麼嚴重呢？史諾相信：「如今在思想和創造的核心上，我們正在自動放棄一些最好的機會。兩個主題、兩種學科、兩個文化，甚至可以說兩個銀河星系的碰撞衝突，才會出現創造性的機會。在人類心智活動的歷史上，有些突破就是這樣產生。」[3]受到冷戰憂慮的啟發，史諾更進一步指出，在美俄相互敵對的狀態下，「為了智識生活、為了國家的特殊危險、為了西方社會在貧窮環伺中不安穩的富裕生活，也為了貧窮國家著想，因為這個世界如果擁有智識，他們就不再陷於窮困」[4]，這兩種文化必須互相結合在一起。

簡單地說，「當這兩種文化分離時，社會就難以運用智慧去思考。」[5]現在金融與人文的隔閡，應該是不會造成文明的衰落和滅亡，而且我也沒有史諾那樣正義之怒和天啟式的觀點。但我認為在這種分歧的狀況下，的確喪失許多得以運用智慧的機會。

事實上，我平時渡過美國劍橋的查爾斯河時，都會感受到這種隔閡與分歧。在河的這邊，我在哈佛商學院任教，那裡的優秀學生和教職人員都在努力了解商業世界，但有時對那些難以轉化為真實行動的課程感到不耐。因此他們對於河的另一邊所貢獻的價值感到懷疑。

但是我跨越查爾斯河到哈佛法學院上課時，這邊則是對於商業、商業學術和實務知識的侵門踏戶感到深深懷疑。我在商學院為大學生開的一門課程要列入哈佛學院的核心課程時，由於其中針對商業狀況的個案研究，一開始就被認為是不符合人文教育課程的要求，就是因為它包含著實務探討。雖然最後還是由明智、明理的人占得上風，但這件事讓我感受到兩者之間的隔閡與誤解。

這樣的隔閡分歧造成的後果可不會局限在大學裡頭。由於金融一再擾亂經濟，大家對金融的價值抱有極大的懷疑。事實上，輕蔑嘲弄金融價值已經成為知識界、政治界和商界人士的時髦消遣。如果這種懷疑不是大多建立在對於金融一無所知的偏見上，那其實也還好。

同樣地，不管是在學術或實務上，金融也變得更加專業化，不是那麼容易理解也更加脫離日常生活。在大眾抱持懷疑的威脅下，金融專業人士被逼到牆角，竟然還說出金融是代替「上帝的工作」這種傻話。明確地說，金融的確存在許多問題，但是若要對之加以修整彌補，當前這種隔閡分歧只會帶來一些粗疏拙劣的答案。

在史諾的講座經過四十年以後，艾德華．威爾森（E. O. Wilson）提出他的回應。在《知識大融通》（*Consilience*）書中，威爾森以知識的統一融合為目標，特別是針對史諾發現的那個問題。威爾森說他的主張可以追溯到「愛奧尼亞魔法」（Ionian Enchantment）[6]，這是認為世間一切有為法都可以用幾條簡單的法則來說明解釋的觀點。威爾森把這個想法歸功於誰呢？最早的源頭就是我們證券選擇權和衍生性金融商品的創始者，米利都的泰勒斯。現在也許一切都連起來了吧。

為了矯正史諾提出的那個問題，威爾森繼續說明他的努力：「要統合學術的絕大分歧，結束文化戰爭，只有一個方法。就是不能把科學文化與人文文化的分野看做是領域界線，而是一個大部分不為人知的廣闊地帶，正在等待雙方合作一起探索。誤解是來自於對這個交界地帶的無知，並不是雙方的智能活動有什麼根本差異。」[7]

這個努力的目標是什麼呢？威爾森說，這個交界地帶提供「我們優雅、美麗和共同分享知識的力量，以最美好的哲學實用精神，賦予行為的智慧」[8]。

我大概是提不出什麼統一融合的理論，也沒有那麼高的智慧。但我可以邀請你一起跨越金融和人文之間的交界，來發展你自己的智慧。你如果讀到這個地方，那你就是已經走在這條路上了。接下來的延伸閱讀和資料來源就是你進一步考察的燃料。謹祝大家旅途平安。

致謝

我在此深深感謝許多人對於這本書的協助。Tim Sullivan 和我的經紀人 Jay Mandel 最早帶我進入出版業，在整個過程中提供可靠而明智的建議。最重要的是經紀人介紹的編輯 Rick Wolff，他一直都是令人難以置信地深思熟慮，不斷給我鼓勵和理解的指導，他以截稿期限為導向，頭腦冷靜地提供完美結合智慧的周詳回饋和思考。我要感謝 Houghton Mifflin Harcourt 出版公司的編輯團隊，特別是 Rosemary McGuinness 和 Adriana Cloud，他們的耐心想必已經被我磨光好幾次。在我準備草稿時，Alexandra Kesick、Zach Markovich 和 Rohan Reddy 都提供了很棒的研究協助。Zoe Dabbs 在幫助我完成文稿時，其努力更是超越了職責的要求。

我和 Amanda Irwin Wilkins 幾次漫長的電話討論，改變了這本書和我對閱讀與寫作的看法。Joshua Margolis 讓我有最初的動力去探索這些想法，並一直給我支持和意見。和 Joshua Rothman 的幾次漫長的午餐提供我許多靈感，並為我開啟了說故事的世界。我和以上三位的交流，是這些努力從演講轉變為一本書的關鍵。

學校裡許多同事為這些努力提供慷慨支持，我要特別感謝以下諸位：Lynn Paine、Cynthia Montgomery、Nien-He Hsieh、Jan Rivkin、Vicki Good、Al Warren、James Zeitler、Bharat Anand、David Ager、David Garvin、Stephen Greenblatt、Tom Nicholas、Clayton Rose、Willy Shih、Lauren Cohen、Walter Friedman、Laura Linard、Scott Westfahl、Louis Menand、Kristin Mugford、Bharat Anand、Felix Oberholzer-Gee 和 Erik Stafford。哈佛商學院院長 Nitin Nohria 長期以來一直非常支持我的努力，對本書不吝付出時間和熱情。哈佛商學院的研究部門對我寫作本書也提供了數不清的協助。

我在哈佛商學院金融系的同事，不管是從研討會或教學小組討論等，都帶給我許多影響和思考，我非常感謝大家。我有幸被一群傑出老師引導認識金融，他們是：Michael Edelson、Scott Mason、Dwight Crane、Andre Perold、Peter Tufano、John Campbell、Oliver Hart 和 Andrei Shleifer。我在學術研究上的導師，Marty Feldstein、Michael Graetz、James R. Hines Jr. 以及 Andrei Shleifer 則是我學術誠信與雄心壯志的長久典範。

我一直都有難得的機會跟許多心思縝密而熱愛思考的大學生、企管碩士班、博士班和企業班的學生進行交流，他們帶給我許多啟發和教學上的靈感，本書就是我跟學生互動的直接成果。那些最早聽到我演講的學生鼓勵我把它寫成一本書，因此我要特別感謝哈佛大學二〇一五年企管碩士班（特別是 Parasvil Patel）和第十八屆綜合管理課程的學生。還有很多不同班級的學生也聽過這個演講的早期版本，我非常感謝他們提供的所有回饋。兩位已經畢業的學生，Lea Carpenter 和 Gayle Tzemach Lemmon 對這個演講特別慷慨地付出許多時間。另外，我還跟許多學生討論過一些想法，它們都或多或少地在書中出現，在此感謝他們的幫助：Laura Amelio、Dan McGinn、Karen Dillon、Rachel Sherman、Sid Shenai、Richard Tedlow、Stephen Turban、Sujoy Jaswa、Paul Cooke、Adi Ignatius、Vikram Gandhi、Alan Jones、Elyse Cheney、James Dubela、Robert Pinsky、Gretchen Rubin、Brian Misamore、Mark Veblen、Rimjhim Dey、Cassie Wang、David Reading、Hirsh Jain、Jonathan Slifkin、Geoffrey Kristof、Evan Hahn、Christian Liu、Adrienne Propp 和 Henry Cousins。

在這個努力過程中，我的決心不止一次地感到動搖，全靠好朋友 Reuben Silvers、Alan Lui 和 Joshua Margolis 的鼓勵。我的母親和已故父親，跟過去一樣，一向都是啟發我智慧、好奇、勤奮和愛心的典範。我弟弟 Hemen 和妹妹 Deepa 一直都陪伴在我身邊，他們的支持對我來說就代表著整個世界。我弟弟、妹妹和妻子的家人，這整個大家族都帶給我莫大的支持；Vikram Desai、Haresh Desai 和 Hemal Shroff 給我特別多的鼓勵。

Mia Desai、Ila Desai 和 Parvati Desai（我的終極價值）對我的理解超出任何合理的期待，她們的歡樂活力和無限愛慕，是我向前努力的能量。Teena Shetty 的支持和鼓勵，讓我得以完成這本書和其他更多事情，她的愛和情感是我所有希望的保證。

附注

在撰寫這部著作時，我稍稍壓抑了一些學者本能。最重要的是為了讓這本書的敘述流暢，容易閱讀，我在內文中並未精確地附注資料與文本來源。

所以在附錄部分，我要對此稍做補救。針對每一章的資料來源，我會做一點綜合敘述，並提供深入閱讀的建議，對於書中的引文部分也會按照章節順序和頁碼一一注明資料來源。深入閱讀書單既是為有興趣的讀者指明原始資料來源，也為那些想要深入鑽研那些想法的讀者提供路徑。我在書中嘗試為許多學者的研究工作提出總結，藉著深入閱讀書單我要表示我的感謝。

有興趣了解更多金融觀念的讀者，直接閱讀金融教科書是很棒的下一步。我個人要推薦：Bodie, Zvi, Alex Kane, and Alan J. Marcus. *Investments*. Boston: McGraw-Hill Irwin, 2013; Berk, Jonathan B., and Peter M. DeMarzo. *Corporate Finance*. Boston: Pearson Addison Wesley, 2013。針對金融從業人員更深入了解這些觀念的閱讀建議是：Higgins, Robert C. *Analysis for*

Financial Management. 11th ed. New York: McGraw-Hill Education, 2016。綜合介紹的另一個絕佳選擇是：Robert Shiller's *Finance and the Good Society*. Princeton, NJ: Princeton University Press, 2012。我自己介紹金融觀念的努力是 HBX 網路課程："Leading with Finance." MOV. Boston: President & Fellows of Harvard College, 2016。

前言

前言部分引用以下資料：de la Vega, Joseph. *Confusion de Confusiones*. Eastford, CT: Martino Fine Books, 2013; Newman, John Henry. *The Idea of a University*. Edited by Frank M. Turner. New Haven, CT: Yale University Press, 1996; Nietzsche, Friedrich Wilhelm. "Guilt, Bad Conscience and Related Matters." In *On the Genealogy of Morals: A Polemical Tract*. Leipzig: Verlag Von C.G., 1887。我稍有談到盧卡斯的島嶼模型（Lucas island model），這份資料可追溯到：Lucas, Robert E., Jr. "Expectations and the Neutrality of Money." *Journal of Economic Theory* 4, no. 2 (1972): 103–24。

1.「那些一般原則」：Newman, "The Idea of a University." https://sourcebooks.fordham.edu/mod/newman/newman-university.html

2.「要是你對這門神奇的生意」：de la Vega, *Confusion de Confusiones*, 2.

3.「最古老也最原始」：Nietzsche, "Guilt, Bad Conscience and Related Matters," part 8 of the second essay.

第1章

本章的主要文獻來源是：Hammett, Dashiell. *The Maltese Falcon*. New York: Alfred A. Knopf, 1930; Stevens, Wallace. *Ideas of Order*. New York: Alfred A. Knopf, 1936; and Stevens, Wallace. *The Necessary Angel: Essays on Reality and the Imagination*. New York: Knopf, 1951。另外還參考：David, Brian Eno, Chris Frantz, Jerry Harrison, and Tina Weymouth, writers. "Once in a Lifetime." The Talking Heads. Brian Eno, 1980. CD。

關於佛利克拉夫特的討論，援引自：Marcus, Steven. "Dashiell Hammett and the Continental Op." *Partisan Review* 41 (1974): 362–77; Jones, R. Mac. "Spade's Pallor and the Flitcraft Parable in Dashiell Hammett's *The Maltese Falcon*." *Explicator* 71, no. 4 (2013): 313–15; and Irwin, J. T. "Unless the Threat of Death Is Behind Them: Hammett's *The Maltese Falcon*." *Literary Imagination* 2, no. 3 (2000): 341–74。

關於皮爾士的討論，援引自：Peirce, Charles S. *Chance, Love, and Logic; Philosophical Essays*. New York: Barnes & Noble, 1968; Peirce, Charles S. *Pragmatism as a Principle and Method of Right Thinking: The 1903 Harvard Lectures on Pragmatism*. Albany: State University of New York Press, 1996; Peirce, Charles S. "Reply to the Necessitarians: Rejoinder to Dr Carus." *Monist* 3–4 (July 1893): 526–70; and Peirce, Charles S. "Grounds of Validity of the Laws of Logic." *Journal of Speculative Philosophy* 2, no. 4 (1869): 193–208。三份非常好的傳記資料：Brent, Joseph. *Charles Sanders Peirce: A Life*. Bloomington: Indiana University Press, 1993; Menand, Louis. *The Metaphysical Club: A Story of Ideas in America*. New York: Farrar, Straus and Giroux, 2002; and Menand, Louis. "An American Prodigy." *New York Review of Books*, December 2, 1993。其他資料來源包括：Russell, Bertrand. *Wisdom of the West*. Garden City, NY: Doubleday, 1959; Popper, Karl R. *Objective Knowledge: An Evolutionary Approach*. Oxford: Clarendon Press, 1972; Percy, Walker. "The Fateful Rift: The San Andreas Fault in the Modern Mind." *Design for Arts in Education* 91, no. 3 (1990): 2–53; and Wible, James R. "The Economic Mind of Charles Sanders Peirce." *Contemporary Pragmatism* 5, no. 2 (December 2008): 39–67。

關於統計的知識演變，主要援引：Hacking, Ian. *The Taming of Chance*. Cambridge:

Cambridge University Press, 1990; Porter, Theodore M. *The Rise of Statistical Thinking: 1820–1900*. Princeton, NJ: Princeton University Press, 1986; Stigler, Stephen M. *The History of Statistics*. Cambridge, MA: Harvard University Press, 1990; Mellor, D. H., ed. *Science, Belief, and Behaviour: Essays in Honour of R. B. Braithwaite*. Cambridge: Cambridge University Press, 1980; Simon, Pierre, Marquis de Laplace. *A Philosophical Essay on Probabilities*. New York: Dover Publications, 2005; and Galton, Francis. *Natural Inheritance*. London: Macmillan, 1889。

關於統計知識演變的入門書及扼要說明，可參考：Devlin, Keith J. *The Unfinished Game: Pascal, Fermat, and the Seventeenth-Century Letter That Made the World Modern*. New York: Basic Books, 2008; Kaplan, Michael, and Ellen Kaplan. *Chances Are — : Adventures in Probability*. New York: Viking, 2006; and Stigler, Stephen M. *The Seven Pillars of Statistical Wisdom*. Cambridge, MA: Harvard University Press, 2016。蒙提・霍爾問題的深入討論可參見：https://www.khanacademy.org/math/precalculus/prob-comb/dependent-eventsprecalc/v/monty-hall-problem

關於巴菲特，請參見：Frazzini, Andrea, David Kabiller, and Lasse H. Pedersen. *Buffett's Alpha*. NBER Working Paper no. 19681, December 16, 2013. National Bureau of Economic

Research. http://www.nber.org/papers/w19681.pdf; and Ng, Serena, and Erik Holm. "Buffett's Berkshire Hathaway Buoyed by Insurance 'Float.'" *Wall Street Journal*, February 24, 2011。

保險一向是經濟及金融的重心，關於保險的基礎介紹有很多，我個人比較喜歡的是：Eeckhoudt, Louis, Christian Gollier, and Harris Schlesinger. *Economic and Financial Decisions Under Risk*. Princeton, NJ: Princeton University Press, 2006。關於統計與保險的歷史討論，請參見：Bernstein, Peter L. *Against the Gods: The Remarkable Story of Risk*. New York: John Wiley & Sons, 1996。

關於逆向選擇與道德風險最重要的基礎討論：Arrow, Kenneth J. "Uncertainty and the Welfare Economics of Medical Care." *American Economic Review* 53, no. 5 (June 1963): 941–73; Pauly, Mark V. "The Economics of Moral Hazard: Comment." *American Economic Review*, part 1, 58, no. 3 (June 1968): 531–37; Arrow, Kenneth J. "The Economics of Moral Hazard: Further Comment." *American Economic Review*, part 1, 58, no. 3 (June 1968): 537–39; Akerlof, George A. "The Market for Lemons: Quality Uncertainty and the Market Mechanism." *Quarterly Journal of Economics* 84, no. 3 (August 1970): 488–500; Holmstrom, Bengt. "Moral Hazard and Observability." *Bell Journal of Economics* 10, no. 1 (Spring 1979): 74–91; and Grossman, Sanford

J., and Oliver D. Hart. “An Analysis of the Principal-Agent Problem.” *Econometrica* 51, no. 1 (January 1983): 7–46. Much of this work is covered very well in Laffont, Jean Jacques, and David Martimort. *The Theory of Incentives*, Princeton, NJ: Princeton University Press, 2002。

關於保險的歷史，請參見：Trenerry, Charles Farley. *The Origin and Early History of Insurance, Including the Contract of Bottomry*. Edited by Ethel Louise Gover and Agnes Stoddart Paul. London: P. S. King & Son, 1926; Hudson, N. Geoffrey, and Michael D. Harvey. *The York-Antwerp Rules: The Principles and Practice of General Average Adjustment*. 3rd ed. New York: Informal Law from Routledge, 2010; and Clark, Geoffrey Wilson. *Betting on Lives: Life Insurance in English Society and Culture*, 1695–1775. New York: Manchester University Press, 1993。

關於保險與巫術，請參見：Macfarlane, Alan. *Witchcraft in Tudor and Stuart England: A Regional and Comparative Study*. New York: Harper & Row, 1970; Davies, Owen. *Witchcraft, Magic and Culture: 1736–1951*. Manchester: Manchester University Press, 1999; Knights, D., and T. Vurdubakis. “Calculations of Risk: Towards an Understanding of Insurance as a Moral and Political Technology.” *Accounting*, Organizations and Society 18, no. 7–8 (1993): 729–64; and Thomas, Keith. *Religion and the Decline of Magic*. New York: Scribner, 1971。

關於「祕密共濟會會員獨立會」的討論，援引自：Emery, George Neil, and John Charles Herbert Emery. *A Young Man's Benefit: The Independent Order of Odd Fellows and Sickness Insurance in the United States and Canada, 1860–1929*. Montreal: McGill-Queen's University Press, 1999。英國年金市場逆向選擇的證據，請參見：Finkelstein, Amy, and James Poterba. "Adverse Selection in Insurance Markets: Policyholder Evidence from the U.K. Annuity Market." *Journal of Political Economy* 112, no. 1 (2004): 183–208。退休金造成家庭結構的改變，請參見：Costa, Dora L. "Displacing the Family: Union Army Pensions and Elderly Living Arrangements." *Journal of Political Economy* 105, no. 6 (1997): 1269–92。關於家庭結構改變趨勢的討論，請參見：Furlong, Fred. "Household Formation Among Young Adults." *FRBSF Economic Letter*, May 23, 2016。佛洛斯特的引文「家就是」援引自：Frost, Robert. "The Death of a Hired Man." In *North of Boston*, pp. 14–18. New York: Henry Holt & Company, 1915。

英國與法國財政比較的討論，援引自：Weir, David R. "Tontines, Public Finance, and Revolution in France and England, 1688–1789." *Journal of Economic History* 49, no. 1 (1989): 95–124; Kaiser, Thomas, and Dale Van Kley, eds. *From Deficit to Deluge: The Origins of the French*

Revolution. Palo Alto, CA: Stanford University Press, 2010; and Hardman, John. *The Life of Louis XVI*. New Haven, CT: Yale University Press, 2015。

「聯合養老保險」的演變請參見：McKeever, Kent. "A Short History of Tontines." *Fordham Journal of Corporate & Financial Law* 15, no. 2 (2009): 490–522; Milevsky, Moshe. *King William's Tontine: Why the Retirement Annuity of the Future Should Resemble Its Past*. New York: Cambridge University Press, 2015; Ransom, Roger L., and Richard Sutch. "Tontine Insurance and the Armstrong Investigation: A Case of Stifled Innovation, 1868–1905." *Journal of Economic History* 47, no. 2 (1987): 379–90; Velde, Francois R. *The Case of the Undying Debt*. Federal Reserve Bank of Chicago. November 24, 2009; and Collier, Jonathan, writer. "Raging Abe Simpson and His Grumbling Grandson in 'The Curse of the Flying Hellfish.' " Directed by Jeffrey Lynch. *The Simpsons*. Fox Network, 1996。

關於美國詩人史蒂文斯的討論：Stevens, Wallace. *Ideas of Order*. New York: Alfred A. Knopf, 1936; Stevens, Wallace. *The Necessary Angel: Essays on Reality and the Imagination*. New York: Knopf, 1951; Bloom, Harold. *Wallace Stevens: The Poems of Our Climate*. Ithaca, NY:

Cornell University Press, 1977; Schjeldahl, Peter. "Insurance Man: The Life and Art of Wallace Stevens." *New Yorker*, May 2, 2016; Mariani, Paul L. *The Whole Harmonium: The Life of Wallace Stevens*. 1st ed. New York: Simon & Schuster, 2016; Vendler, Helen. "The Hunting of Wallace Stevens." *New York Review of Books*, November 20, 1986; Dechand, Thomas. "'Like a New Knowledge of Reality': On Stevens and Peirce." *MLN* 121, no. 5 (2006): 1107–23; and Nichols, Lewis. "Talk with Mr. Stevens." *New York Times*, October 3, 1954。

1.「整部小說的最核心」：Marcus, "Dashiell Hammett and the Continental Op," 367.

2. 從「美國富裕生活的各種條件」到「鋼梁再也不掉下來」均引自：Hammett, "G in the Air," in *The Maltese Falcon*, chapter 7.

3.「我怎麼會變成現在這樣呢？」：Byrne, Eno, Frantz, Harrison, and Weymouth of the Talking Heads, "Once in a Lifetime."

4.「肯定是美國最偉大的思想家」：Russell, *Wisdom of the West*, 227.

5.「有史以來最偉大的哲學家之一」：Popper, *Objective Knowledge*, 207.

6.「為連貫的人類科學奠定基礎」：Percy, "The Fateful Rift," 18.

7.「每個人都是一家保險公司」：Peirce, "Grounds of Validity of the Laws of Logic," 207.

8.「智力上瘋瘋癲癲的怪物」：James, quoted in Peirce, *Pragmatism as a Principle and Method of Right Thinking*, 11.

9.「落魄，幾乎可說是骯髒的老頭」：ibid.

10.「所有事件，即使」：Simon, *A Philosophical Essay on Probabilities*, 3.

11.「宇宙秩序的完美形式」：Galton, *Natural Inheritance*, 66.

12.「它在最瘋狂的混亂中」：ibid.

13.「機遇本身就在」：Peirce, "Reply to the Necessitarians," 560.

14.「《羅德法》規定」：Hudson and Harvey, *The York-Antwerp Rules*, 16.

15.「懲罰巫婆」：Macfarlane, Witchcraft in Tudor and Stuart England, 109.

16.「不但減輕不幸災禍」：Davies, *Witchcraft, Magic and Culture*, 294.

17.「機遇本身就在」：Peirce, "Reply to the Necessitarians," 560.

18.「人類所有的事情」：Peirce, *Chance, Love, and Logic*, 72–73.

19.「死亡的命數來自」：ibid.

20.「慈悲、信仰和希望」：ibid., 75.

21.「美國二十世紀大詩人」：Schjeldahl, "Insurance Man." http://www.newyorker.com/

magazine/2016/05/02/the-thrillingmind-of-wallace-stevens.

22.「現在的哲學家」：Stevens, quoted in Dechand, " 'Like a New Knowledge of Reality,' " 1107.

23.「有趣富翁」：Berryman, "So Long? Stevens," quoted in Vendler, "The Hunting of Wallace Stevens." https://audiopoetry.wordpress.com/2007/08/24/so-long-stevens.

24.「面對既有觀念之不存」：Stevens, preface to *Ideas of Order*, iv.

25.「一種對抗」：Mariani, *The Whole Harmonium*, 188.

26.「想像是唯一的天才」：Stevens, *The Necessary Angel*, 139.

27.「現實的唯一線索」：ibid., 137.

28.「想像是心靈」：ibid., 136.

29.「讓我們在異常中感知正常」：ibid., 153.

30.「詩人或小說家的作品」：Stevens, quoted in Dechand, " 'Like a New Knowledge of Reality,' " 1117.

31.「詩和保險索賠」：Stevens, quoted in Nichols, "Talk with Mr. Stevens." http://www.nytimes.com/books/97/12/21/home/stevens-talk.html.

第2章

本章主要援引資料是：Austen, Jane. *Pride and Prejudice*. 1st ed. London: T. Egerton, Whitehall, 1813; Trollope, Anthony. *Phineas Finn*. Leipzig: Tauchnitz, 1869; Melville, Herman. "Bartleby, the Scrivener: A Story of Wall Street." *Putnam's Magazine* 2, no. 11 (November 1853): 546–57; and Bellow, Saul. *Seize the Day*. New York: Viking Press, 1956。

關於政府債券在英國文學中呈現，請參見："Percents and Sensibility; Personal Finance in Jane Austen's Time." *Economist*, December 24, 2005。

關於路易・巴瑟里爾的貢獻，請參見：Bachelier, Louis. *Louis Bachelier's Theory of Speculation: The Origins of Modern Finance*. Translated and with an introduction by Mark Davis and Alison Etheridge. Princeton, NJ: Princeton University Press, 2006; Bernstein, Jeremy. "Bachelier." *American Journal of Physics* 73, no. 5 (2005): 395; Pearle, Philip, Brian Collett, Kenneth Bart, David Bilderback, Dara Newman, and Scott Samuels. "What Brown Saw and You Can Too." *American Journal of Physics* 78, no. 12 (2010): 1278; and Holt, Jim. "Motion Sickness: A Random Walk from Paris to Wall Street." *Lingua Franca*, December 1997。

關於選項及選擇權的討論，請參見：Aristotle, *Politics*. Vol. 1. Translated by H. Rackham.

Cambridge, MA: Harvard University Press, 1944; de la Vega, Joseph. *Confusion de Confusiones*. Edgeton, CT: Martino Fine Books, 2013; Frock, Roger. *Changing How the World Does Business: FedEx's Incredible Journey to Success: The Inside Story*. San Francisco, CA: Berrett-Koehler, 2006; and Emerson, Ralph Waldo. "The Transcendentalist." In *Nature: Addresses and Lectures*. http://www.emersoncentral.com/transcendentalist.htm. 關於巴托比的討論，援引自：Agamben, Giorgio. *Potentialities*. Palo Alto, CA: Stanford University Press, 1999。

關於分散、多樣化的討論，援引自：Price, Richard, writer. "Moral Midgetry." *The Wire*. Directed by Agnieszka Holland. HBO. November 14, 2004; McCloskey, Donald N. "English Open Fields as Behavior Towards Risk." *Research in Economic History* 1 (Fall 1976): 124–70; Cohen, Ben. "The Stephen Curry Approach to Youth Sports." *Wall Street Journal*, May 17, 2016; and Moggridge, Donald. *Maynard Keynes: An Economist's Biography*. London: Routledge, 1992。亞里斯多德討論友誼引自：Aristotle. *Nicomachean Ethics*. Translated by W. D. Ross. http://classics.mit.edu/Aristotle/nicomachaen.8.viii.html。

「資本資產定價模型」觀念演變及深入解析，請參見：Bernstein, Peter L. *Capital Ideas: The Improbable Origins of Modern Wall Street*. 1st ed. New York: Free Press, 1992; Perold, André

F. "The Capital Asset Pricing Model." *Journal of Economic Perspectives* 18, no. 3 (2004): 3–24; Sharpe, William F. "Capital Asset Prices with and Without Negative Holdings." Nobel Lecture, Stanford University Graduate School of Business, Stanford, CA, December 7, 1990; and Black, Fischer. "Beta and Return." *Journal of Portfolio Management* 20, no. 1 (1993): 8–18。

投資分散的原始資料研究，請參見：Markowitz, Harry. "Portfolio Selection." *Journal of Finance* 7, no. 1 (March 1952): 77–91; and Roy, Andrew D. "Safety First and the Holding of Assets." *Econometrica* 20, no. 3 (July 1952): 431–39。另外還有一些重要論文如下：Tobin, James. "Liquidity Preference as Behavior Towards Risk." *Review of Economic Studies* 25, no. 2 (February 1958): 68–85; Lintner, John. "The Valuation of Risk Assets and the Selection of Risky Investments in Stock Portfolios and Capital Budgets: A Reply." *Review of Economics and Statistics* 47 (1965): 13–37; Sharpe, William F. "Capital Asset Prices: A Theory of Market Equilibrium Under Conditions of Risk." *Journal of Finance* 19, no. 3 (September 1964): 425–42; Treynor, J. L. "Toward a Theory of Market Value of Risky Assets." MS, 1962. Final version in *Asset Pricing and Portfolio Performance*, 15–22. Edited by Robert A. Korajczyk. London: Risk Books, 1999; and Roll, Richard. "A Critique of the Asset Pricing Theory's Tests Part I: On Past and Potential

Testability of the Theory." *Journal of Financial Economics* 4, no. 2 (1977): 129–76; Merton, Robert C. "An Intertemporal Capital Asset Pricing Model." *Econometrica* 41 (September 1973): 867–87。

關於選擇權有兩本特別好的教科書：McDonald, Robert L. *Derivatives Markets*. Boston: Addison-Wesley, 2006; and Hull, John, Sirimon Treepongkaruna, David Colwell, Richard Heaney, and David Pitt. *Fundamentals of Futures and Options Markets*. New York: Pearson, 2013. 早期研究選擇權的重要論文包括：Black, Fischer, and Myron Scholes. "The Pricing of Options and Corporate Liabilities." *Journal of Political Economy* 81, no. 3 (May/June 1973): 637–54; and Merton, Robert C. "Theory of Rational Option Pricing." *Bell Journal of Economics and Management Science* 4, no. 1 (Spring 1973): 141–83。針對這些主題的簡練介紹，請參見：Merton, Robert C. *Continuous-Time Finance*. Cambridge: B. Blackwell, 1990。

1. 「擁有一大筆財富的單身漢」：Austen, *Pride and Prejudice*, chapter 1.
2. 「請你再仔細想想」：ibid., chapter 19.
3. 「你要是像這樣」：ibid., chapter 20.
4. 「踏錯一步」：ibid., chapter 46.
5. 「婚姻幸不幸福」：ibid., chapter 6.

6.「你知道我這個人並不浪漫」：ibid., chapter 22.

7.「其實是這樣才對」：Holt, “Motion Sickness.” http://linguafranca.mirror.theinfo.org/9712/9712hyp.html.

8.「如果是小孩或男人的話」：Trollope, *Phineas Finn*, 154–55.

9.「我自己大概是」：ibid., 148.

10.「等我下定決心以後」：ibid., 150

11.「嘲笑哲學沒用處」：Aristotle, *Politics*, vol. 1, book I, part 11. http://www.perseus.tufts.edu/hopper/text?doc=Perseus%3Atext%3A1999.01.0058%3Abook%3D1%3Asection%3D1259a.

12.「他拿出一小筆錢」：ibid.

13.「哲學家如果想發財」：ibid.

14.「因為我留了鬍子」：de la Vega, *Confusion de Confusiones*, 16–22.

15.「對你風險有限」：ibid.

16.「行情順利時」：ibid.

17.「行情順利時的快樂航行」：ibid.

18.「風暴時的安全定錨」：ibid.

19.「這有什麼差別啊？」：Frock, *Changing How the World Does Business*, 135.

20.「最好不要」：Melville, "Bartleby, the Scrivener," 550.

21.「歷經掙扎忐忑」：Bellow, *Seize the Day*, part IV.

22.「他的一輩子」：ibid., part I.

23.「讓我擺脫」：ibid.

24.「那痛苦和悲傷」：ibid., part VII.

25.「愛我的人」：Trollope, *Phineas Finn*, 130.

26.「正確的投資方法」：Keynes, quoted in Moggridge, *Maynard Keynes*, 585.

27.「不是喜愛彼此」：Aristotle, *Nicomachean Ethics*, book VIII. http://classics.mit.edu/Aristotle/nicomachaen.8.viii.html.

28.「大多數人似乎」：ibid.

第3章

關於才能與塔倫的寓言故事，請參見：Blomberg, Craig. *Interpreting the Parables*.

Downers Grove, IL: InterVarsity Press, 2012; Chenoweth, Ben. "Identifying the Talents: Contextual Clues for the Meaning of the Parable of the Talents." *Tyndale Bulletin* 58, no. 1 (2005): 61–72; and Carpenter, John. "The Parable of the Talents in Missionary Perspective: A Call for an Economic Spirituality." *Missiology* 25, no. 2 (1997): 165–81。該寓言引自英語標準本《聖經》〈馬太福音〉第二十五章第十四節至三十節：https://www.biblegateway.com/passage/?search=Matthew+25%3A14-30&version=ESV; 葡萄園工人的寓言係引自〈馬太福音〉第二十章第一節至十六節：https://www.biblegateway.com/passage/?search=Matthew+20%3A1-16。

本章其他重要資料包括：Johnson, Samuel. "On the Death of Dr. Robert Levet." In *The Oxford Book of English Verse*. Oxford: Clarendon, 1901; Milton, John. "When I Consider How My Light Is Spent." In *Poems* (1673). London: Thomas Dring, 1673; Wesley, John. "The Use of Money." In *John Wesley*. Edited by Albert Outler. Oxford: Oxford University Press, 1980; and Furnivall, F. J., ed. *The Tale of Beryn*. London: Forgotten Books, 2015。

關於彌爾頓與詹森故事的深入討論，請參見：Fussell, Paul. *Samuel Johnson and the Life of Writing*. New York: Harcourt, Brace, Jovanovich, 1971; Hackenbracht, Ryan. "Milton and the Parable of the Talents: Nationalism and the Prelacy Controversy in Revolutionary England." *Philological Quarterly* 94, no. 1 (Winter 2015): 71–93; and Hunter, William B., ed. *A Milton Encyclopedia*. Vol. 8. Lewisburg, PA: Bucknell University Press, 1978. 關於彌爾頓故事的重要，我在這個網路講座獲益良多：Rogers, John. "Credible Employment." Lecture, English 220 Class: Milton. Yale University, New Haven, CT. http://oyc.yale.edu/english/engl-220/lecture-3. 羅伯特・品斯基（Robert Pinsky）的解析讓我在書中節錄詹森詩作〈論羅伯特・萊維博士之死〉：Pinsky, Robert. "Symmetrical Lines and Social Comforts." *Slate*, February 18, 2015. http://www.slate.com/articles/arts/classic_poems/2015/02/robert_pinsky_discusses_samuel_johnson_s_classic_poem_on_the_death_of_dr.html。

關於價值的基本概念有許多來源，其中三個特別重要：Fisher, Irving. *The Theory of Interest: As Determined by Impatience to Spend Income and Opportunity to Invest It*. New York: Macmillan, 1930; Dean, Joel. *Capital Budgeting: Top-Management Policy on Plant, Equipment, and Product Development*. New York: Columbia University Press, 1951; and Williams, John Burr. *The Theory of Investment Value*. Cambridge, MA: Harvard University Press, Fraser Publishing Reprint (1977)。

對於價值實務討論可參考：McKinsey & Company, Tim Koller, Marc Goedhart, and David Wessels. *Valuation: Measuring and Managing the Value of Companies*. Hoboken, NJ: John Wiley & Sons, 1990. 關於金融人士的觀點，請參閱：Graham, John, and Campbell Harvey. "How Do CFOs Make Capital Budgeting and Capital Structure Decisions?" *Journal of Applied Corporate Finance* 15, no. 1 (2002): 8–23. 關於價值創造的精采描述，請參見：Thorndike, William N. *The Outsiders*. Boston: Harvard Business Press, 2013。

關於大學教育的價值，請參見：Black, Sandra, and Jason Furman. "The Economic Record of the Obama Administration: Investing in Higher Education." Council of Economic Advisers, White House, 2016. https://www.whitehouse.gov/sites/default/files/page/files/20160929_record_higher_education_cea.pdf。關於全球「房價租金比」及其歷史資料，請參見：http://www.economist.com/blogs/graphicdetail/2016/08/daily-chart-20。

關於「效率市場假說」援引自許多文獻資料，對它發展的完整介紹，請參見：Bernstein, Peter L. *Capital Ideas: The Improbable Origins of Modern Wall Street*. 1st ed. New York: Free Press, 1992。提出許多創見，開創這一連串研究的先鋒性論文是：Fama, Eugene. "Efficient Capital Markets: A Review of Theory and Empirical Work." *Journal of Finance* 25, no. 2 (May 1970): 383–417; 並表示曾參考過許多更早的研究，包括：保羅・薩繆遜（Paul Samuelson）、比爾・夏普（Bill Sharpe）、班諾・曼德布洛（Benoit Mandelbrot）、保羅・柯特納（Paul Cootner）、傑克・崔納（Jack Treynor）等諸位的研究。對於效率市場概念的介紹，有個很棒的演講：Fama, Eugene. "A Brief History of the Efficient Market Hypothesis." Lecture, Masters of Finance. February 12, 2014. https://www.youtube.com/watch?v=NUkkRdEknjI。對這個主題的另一套重要研究，係由此開啟：Grossman, Sanford J., and Joseph E. Stiglitz. "On the Impossibility of Informationally Efficient Markets." *American Economic Review* 70, no. 3 (June 1980): 393–408。

效率市場假說一直是學界爭論的重點，尤其是在各種不同交易策略的獲利性以及個別基金經理人的操作技巧能否維持長期績效等方面。對這些爭論有興趣的讀者可以在此找到許多不同的看法：Ang, Andrew, William N. Goetzmann, and Stephen M. Schaefer. *Review of the Efficient Market Theory and Evidence*. Columbia University, April 27, 2011. https://www0.gsb.columbia.edu/faculty/aang/papers/EMH.pdf; Berk, Jonathan B. "Five Myths of Active Portfolio Management." *Journal of Portfolio Management* 31, no. 3 (2005): 27–31; and Harvey, Campbell, Yan Liu, and Heqing Zhu. ". . . and the Cross-Section of Expected Returns." *Review of Financial*

Studies 29, no. 1 (January 2016): 5–68; Jones, Robert C., and Russ Wermers. "Active Management in Mostly Efficient Markets." *Financial Analysts Journal* 67, no. 6 (November/December 2011): 29–45; Jurek, Jakub W., and Erik Stafford. "The Cost of Capital for Alternative Investments." *Journal of Finance* 70, no. 5 (October 2015): 2185–226。

關於金融在所得不均日益惡化所扮演的角色，請參見：Philippon, Thomas, and Ariell Reshef. "Wages and Human Capital in the U S. Finance Industry, 1909–2006." *Quarterly Journal of Economics* 127, no. 4 (November 2012): 1551–611。關於另類資產產業及其對華爾街影響的討論，請參見：Desai, Mihir A. "The Incentive Bubble." *Harvard Business Review* 90, no. 3 (March 2012): 123–29。

關於資產定價的縝密探討，請參見：Campbell, John Y. "Empirical Asset Pricing: Eugene Fama, Lars Peter Hansen, and Robert Shiller." *Scandinavian Journal of Economics* 116, no. 3 (2014): 593–634; and Cochrane, John H. *Asset Pricing*. Princeton, NJ: Princeton University Press, 2001。關於這些概念有本入門書是：Cochrane, John H., and Christopher L. Culp. "Equilibrium Asset Pricing and Discount Factors: Overview and Implications for Derivatives Valuation and Risk Management." In *Modern Risk Management: A History*, 57–92. London: Risk Books, 2003。在效

率市場中的資產定價探討，可參見：Cochrane, John H. *Efficient Markets Today*. https://faculty.chicagobooth.edu/john.cochrane/research/papers/Cochrane_efficient_markets.doc。

1.「首先，盡己所能」：Wesley, "The Use of Money."

2.「擁有良田沃土」：Johnson, quoted in Fussell, *Samuel Johnson and the Life of Writing*, 100.

第4章

關於梅爾．布魯克斯《金牌製作人》的討論係援引自：Brooks, Mel, and Thomas Meehan. *The Producers*. Directed by Mel Brooks. By Mel Brooks. Performed by Zero Mostel, Gene Wilder, and Estelle Winwood. United States: Embassy Pictures, 1968. Film; Kashner, Sam. "The Making of The Producers." *Vanity Fair*, January 2004, 108–40; Tynan, Kenneth. "Frolics and Detours of a Short Hebrew Man." *New Yorker*, October 30, 1978, 46–131。

關於公司治理，有一份很棒的研究資料是：Shleifer, Andrei, and Robert Vishny. "A Survey of Corporate Governance." *Journal of Finance* 52, no. 2 (June 1997): 737–83。關於委託代理問題的重要研究：Fama, Eugene F. "Agency Problems and the Theory of the Firm." *Journal of Political Economy* 88, no. 2 (1980): 288–307; Jensen, Michael C., and William H. Meckling. "Theory of the Firm: Managerial Behavior, Agency Costs, and Ownership Structure." *Economic Analysis of the Law* 3, no. 4 (1976): 162–76; Jensen, Michael C. "Agency Costs of Free Cash Flow, Corporate Finance, and Takeovers." *American Economic Review* 76, no. 2 (1986): 323–27; Jensen, Michael C. "Value Maximization, Stakeholder Theory, and the Corporate Objective Function." *Journal of Applied Corporate Finance* 14, no. 3 (Fall 2001): 8–21。我本人對於資本市場與公司治理發展的研究，請參見：Desai, Mihir A. "The Incentive Bubble." *Harvard Business Review* 90, no. 3 (March 2012): 123–29。第1章談到管理風險的資料也跟公司治理議題非常有關係。

關於這些主題有本很棒的教科書是：Tirole, Jean. *The Theory of Corporate Finance*. Princeton, NJ: Princeton University Press, 2006。提供國際化觀點的資料是：La Porta, Rafael, Florencio Lopez-De-Silanes, and Andrei Shleifer. "Corporate Ownership Around the World." *Journal of Finance* 54, no. 2 (April 1999): 471–517。關於創業投資證券的討論，請參見：Gompers, Paul A., and Joshua Lerner. *The Venture Capital Cycle*. Cambridge, MA: MIT Press, 1999。

關於同笑樂公司的發展狀況，我援引自多份媒體報導：Kesling, Ben. "Tootsie Roll CEO

Melvin Gordon Dies at 95: Shares Rise as Investors Eye Candy Company as Potential Takeover Target." *Wall Street Journal*, January 21, 2015; Kesling, Ben. "Tootsie's Secret Empire: A CEO in His 90s Helms an Attractive Takeover Target. So What's Next? No One Really Knows." *Wall Street Journal*, August 22, 2012; and Best, Dean. "Tootsie Roll CEO Melvin Gordon Dies at 95." Just-Food Global News (Bromsgrove), January 22, 2015。

關於蘋果公司的狀況，請參見：Desai, Mihir A., and Elizabeth A. Meyer. "Financial Policy at Apple, 2013 (A)." Harvard Business School Case 214-085, June 2014。

關於執行長過世對公司股價的影響，請參見：Johnson, Bruce W., Robert Magee, Nandu Nagarajan, and Harry Newman. "An Analysis of the Stock Price Reaction to Sudden Executive Deaths: Implications for the Management Labor Market." *Journal of Accounting and Economics* 7 (1985): 151–74; and Quigley, Timothy J., Craig Crossland, and Robert J. Campbell. "Shareholder Perceptions of the Changing Impact of CEOs: Market Reactions to Unexpected CEO Deaths, 1950–2009." *Strategic Management Journal*, March 2016。

關於日常生活中委託代理問題，我援引：Luna, Elle. *The Crossroads of Should and Must: Find and Follow Your Passion*. New York: Workman Publishing, 2015; Miller, Alice. *The Drama of the Gifted Child*. New York: Basic Books, 1996; Joyce, James. Ulysses. Paris: Sylvia Beach, 1922; Grosz, Stephen. *The Examined Life: How We Lose and Find Ourselves*. New York: W. W. Norton & Company, 2013; and Forster, E. M. *A Room with a View*. Edited by Malcolm Bradbury. New York: Penguin Books, 2000。

1.「金主可以拿回」：Shleifer and Vishny, "A Survey of Corporate Governance," 738.
2.「親愛的，你讓我很擔心」：Forster, *A Room with a View*, 165.
3.「『應該』是別人希望」：Luna, *The Crossroads of Should and Must*, 51.
4.「『必須』才是忠於自己」：ibid., 31.
5.「我不知道喬艾斯」：Tynan, "Frolics and Detours of a Short Hebrew Man," 108.
6.「在敘述的過程中」：ibid., 108–9.
7.「這個名字」：Joyce, *Ulysses*, 201.
8.「有史以來」：Brooks and Meehan, *The Producers*. https://sfy.ru/?script=producers.
9.「麥克斯和里奧」：Brooks, quoted in Kashner, "The Making of The Producers," 113.
10.「要是能跟她」：Tynan, "Frolics and Detours of a Short Hebrew Man," 65.
11.「『你知道嗎？』」：Brooks, quoted in Kashner, "The Making of The Producers," 113.

12.「我苦難生活」：Sidney Glazier, quoted in ibid.
13.「討好人方面」：Karen Shepard, quoted in ibid.
14.「凱倫・白烈森」：Grosz, *The Examined Life*, 10.
15.「有一次彩排」：Tynan, "Frolics and Detours of a Short Hebrew Man," 131.

第5章

導言部分來自一部電影和四首歌：*Working Girl*. Directed by Mike Nichols. By Kevin Wade. Performed by Melanie Griffith, Harrison Ford, and Sigourney Weaver. United States: Twentieth Century Fox Film Corporation, 1988. Film; Grimes, Tiny, Charlie Parker, Clyde Hart, Jimmy Butts, and Harold Doc West, writers. *Romance Without Finance*. Savoy, 1976. CD; Clayton, Sam, Bill Payne, and Martin Kibbee. *Romance Without Finance*. Little Feat. Zoo/Volcano Records, 1995. CD; Charles, Ray, writer. *I Got a Woman*. Comet Records, 2004. CD; and West, Kanye. *Gold Digger*. By Kanye West, Ray Charles, and Renald Richard. Kanye West, Jon Brion, 2005. MP3。

「嫁妝基金」歷史的介紹援引自：Molho, Anthony. *Marriage Alliance in Late Medieval Florence*. Cambridge, MA: Harvard University Press, 1994; Kirshner, Julius. *Marriage, Dowry, and*

Citizenship in Late Medieval and Renaissance Italy. Toronto: University of Toronto Press, 2015; and Kirshner, Julius, and Anthony Molho. "The Dowry Fund and the Marriage Market in Early Quattrocento Florence." *Journal of Modern History* 50, no. 3 (1978): 404–38。

義大利金融史料有許多來源，不過關於麥地奇銀行和文藝術復興時代佛羅倫斯的介紹，我特別喜歡：Parks, Tim. *Medici Money: Banking, Metaphysics and Art in Fifteenth Century Florence*. London: Profile Books, 2013。另一本絕佳的歷史書籍是：de Roover, Raymond. *The Rise and Decline of the Medici Bank, 1397–1494*. London: Beard Books, 1999。

關於名畫「阿諾菲尼畫像」與嫁妝基金兩種不同看法的討論：Seidel, Linda. *Jan Van Eyck's Arnolfini Portrait: Stories of an Icon*. Cambridge: Cambridge University Press, 1993; and Hall, Edwin. *The Arnolfini Betrothal: Medieval Marriage and the Enigma of Van Eyck's Double Portrait*. Berkeley: University of California Press, 1994。關於「王者的選擇」這個詞：Gopnik, Adam. "Like a King." *New Yorker*, January 31, 2000, 40–51。

關於羅斯柴爾德家族聯姻的討論：Ferguson, Niall. *The House of Rothschild: Money's Prophets, 1798–1848*. New York: Viking, 1998; and Ferguson, Niall. *The House of Rothschild: The World's Banker, 1848–1999*. London: Penguin, 2000。關於泰國家族企業的研究資料：

Bunkanwanicha, Pramuan, Joseph P. H. Fan, and Yupana Wiwattanakantang. "The Value of Marriage to Family Firms." *Journal of Financial and Quantitative Analysis* 48, no. 2 (2013): 611–36。

最近關於「選型婚配」有越來越多的研究成果：Greenwood, Jeremy, Nezih Guner, Georgi Kocharkov, and Cezar Santos. *Marry Your Like: Assortative Mating and Income Inequality*. Working paper no. 19829. National Bureau of Economic Research, January 2014; and Eika, Lasse, Magne Mogstad, and Basit Zafar. *Educational Assortative Mating and Household Income Inequality*. Working paper no. 20271. National Bureau of Economic Research, July 2014. 新聞報導匯整係來自：Bennhold, Katrin. "Equality and the End of Marrying Up." *New York Times*, June 12, 2012; Cowen, Tyler. "The Marriages of Power Couples Reinforce Income Inequality." *New York Times*, December 24, 2015; Miller, Claire Cain, and Quoctrung Bui. "Equality in Marriages Grows, and So Does Class Divide." *New York Times*, February 27, 2016。

美國線上與時代華納合併的介紹是根據：Okrent, Daniel. "AOL–Time Warner Merger: Happily Ever After?" *Time*, January 24, 2000; Klein, Alec. *Stealing Time: Steve Case, Jerry Levin, and the Collapse of AOL Time Warner*. New York: Simon & Schuster, 2003; Munk, Nina.

Fools Rush In: Steve Case, Jerry Levin, and the Unmaking of AOL Time Warner. New York: HarperBusiness, 2004; Arango, Tim. "How the AOL–Time Warner Merger Went So Wrong." *New York Times*, January 10, 2010; *Marriage from Hell: The Breakup of AOL Time Warner*. United States: CNBC, January 6, 2010. News Documentary; Barnett, Emma, and Amanda Andrews. "AOL Merger Was the Biggest Mistake in Corporate History, Believes Time Warner Chief Jeff Bewkes." *Telegraph*, September 28, 2010; and Perez-Pena, Richard. "Time Warner Board Backs AOL Spinoff." *New York Times*, May 28, 2009。

針對金融從業人員，併購的絕佳探討資料：Bruner, Robert F. *Applied Mergers and Acquisitions*. Hoboken, NJ: J. Wiley, 2004; Bruner, Robert F. *Deals from Hell: M&A Lessons That Rise Above the Ashes*. Hoboken, NJ: John Wiley & Sons, 2005; and Weston, J. Fred, Mark L. Mitchell, and J. Harold Mullherin. *Takeovers, Restructuring and Corporate Governance*. Upper Saddle River, NJ: Pearson Prentice Hall, 2004。

關於通用汽車公司與費雪車體公司的介紹係來自：Klein, Benjamin, Robert Crawford, and Armen Alchian. "Vertical Integration, Appropriable Rents, and the Competitive Contracting Process." *Journal of Law and Economics* 21, no. 2 (1978): 297–326; Klein, Benjamin. "Vertical

Integration as Organizational Ownership: The Fisher Body–General Motors Relationship Revisited." *Journal of Law, Economics and Organization* 4, no. 1 (March/April 1998): 199–213; Klein, Benjamin. "Fisher–General Motors and the Nature of the Firm." *Journal of Law and Economics* 43, no. 1 (2000): 105–42; Freeland, Robert F. "Creating Holdup Through Vertical Integration: Fisher Body Revisited." *Journal of Law and Economics* 43, no. 1 (2000): 33–66; Coase, R. H. "The Acquisition of Fisher Body by General Motors." *Journal of Law and Economics* 43, no. 1 (2000): 15–32; and CasadesusMasanell, Ramon, and Daniel F. Spulber. "The Fable of Fisher Body" *Journal of Law and Economics* 43, no. 1 (2000): 67–104; and Sloan, Alfred P. *My Years with General Motors*. Garden City, NY: Doubleday, 1964。

關於通用汽車與費雪車體比較不浪漫的解讀，請參見：Coase, Ronald H. "The Nature of the Firm." *Economica* 4, no. 16 (1937): 386–405。比較浪漫的版本是綜合在：Hart, Oliver D. *Firms, Contracts, and Financial Structure*. Oxford: Clarendon Press, 1995。在兩者之間的版本：Williamson, Oliver E. *Markets and Hierarchies: Analysis and Antitrust Implications: A Study in the Economics of Internal Organization*. New York: Free Press, 1983。

福特汽車公司與凡士通公司的合作與破裂故事，是根據：Newton, James. *Uncommon*

Friends: Life with Thomas Edison, Henry Ford, Harvey Firestone, Alexis Carrel, and Charles Lindbergh. New York: Mariner Books, 1939; Aeppel, Timothy, Joseph B. White, and Stephen Power. "Bridgestone's Firestone Quits Relationship of 95 Years as Supplier of Tires to Ford." *Wall Street Journal*, May 21, 2001; "Firestone Ends Ties with Ford." *Digital Journal*, May 22, 2001. http://www.digitaljournal.com/article/32720; Lampe, John T. John T. Lampe to Jacques Nasser. "The Firestone-Ford Break-up Letter." *USA Today*, May 21, 2001; and Mackinnon, Jim, and Katie Byard. "William Clay Ford's Death Brings Back Memories of Grand Akron Wedding in 1947." *Akron Beacon Journal*, March 12, 2014。

1.「我們稱之為『城市』」：from a 1470 law that restructured the fund, quoted in Kirshner and Molho, "The Dowry Fund and the Marriage Market in Early Quattrocento Florence," 438.

2.「摘除」：observation of Franciscan observant Angelo Carletti da Chivass, quoted in ibid., 434.

3.「嫁妝基金鼓勵門當戶對」：ibid.

4.「除了跟她爸爸」：Ferguson, *The House of Rothschild: Money's Prophets, 1798–1848*,

43.

5.「只有羅斯柴爾德家」：Ferguson, *The House of Rothschild: The World's Banker, 1848–1999*, xxvi.

6.「我和家族」：Ferguson, *The House of Rothschild: Money's Prophets, 1798–1848*, 322.

7.「老實說」：Munk, *Fools Rush In*, 180.

8.「我會跟四十二年前」：Klein, *Stealing Time*, 102.

9.「時代華納和美國線上」：Arango, "How the AOL–Time Warner Merger Went So Wrong." http://www.nytimes.com/2010/01/11/business/media/11merger.html.

10.「這是企業史上」：Barnett and Andrews, "AOL Merger Was the Biggest Mistake in Corporate History, Believes Time Warner Chief Jeff Bewkes." http://www.telegraph.co.uk/finance/newsbysector/mediatechnologyandtelecoms/media/8031227/AOLmerger-was-the-biggest-mistake-in-corporate-history-believesTime-Warner-chief-Jeff-Bewkes.html.

11.「我們要把」：Munk, *Fools Rush In*, 264.

12.「就像是不同」：in Arango, "How the AOL–Time Warner Merger Went So Wrong."

13.「愛迪生說」：Perez-Pena, "Time Warner Board Backs AOL Spinoff." http://www.

nytimes.com/2009/05/29/business/media/29warner.html.

14.「商業關係和個人」：Lampe to Nasser, "The FirestoneFord Break-up Letter." http://usatoday30.usatoday.com/money/autos/2001-05-21-firestone-letter.htm.

第6章

倫敦大學學院保存的哲學家邊沁遺體，詳見："Auto-Icon." UCL Bentham Project. https://www.ucl.ac.uk/Bentham-Project/who/autoicon; 會議細節："Jeremy Bentham Makes Surprise Visit to UCL Council." UCL. July 10, 2013. https://www.ucl.ac.uk/silva/news/newsarticles/0713/10072013-Jeremy-Bentham-UCL-Council-visit。他和亞當斯密的爭議：Smith, Adam. *The Wealth of Nations*. New York: Bantam Classics, 2003. Bentham, Jeremy. *Defence of Usury*. London: Routledge/Thoemmes, 1992; and Hollander, Samuel. "Jeremy Bentham and Adam Smith on the Usury Laws: A 'Smithian' Reply to Bentham and a New Problem." *European Journal of the History of Economic Thought* 6, no. 4 (1999): 523–51。

關於《威尼斯商人》債務的討論，詳見：Shakespeare, William. *The Merchant of Venice*. Edited by Barbara A. Mowat and Paul Werstine. New York: Washington Square Press, 1992;

Sharp, Ronald A. "Gift Exchange and the Economies of Spirit in The Merchant of Venice." *Modern Philology* 83, no. 3 (February 1986): 250–65; Draper, John W. "Usury in The Merchant of Venice." *Modern Philology* 33, no. 1 (August 1935): 37–47; Auden, W. H. "A Merchant in Venice." In *The Merchant of Venice (Bloom's Shakespeare Through the Ages)*. New York: Bloom's Literary Criticism, 2008; Bailey, Amanda. "Shylock and the Slaves: Owing and Owning in The Merchant of Venice." *Shakespeare Quarterly* 62, no. 1 (Spring 2011): 1–24; Wills, Garry. "Shylock Without Usury." *New York Review of Books*, January 18, 1990; and Berger, Harry. "Marriage and Mercifixion in The Merchant of Venice: The Casket Scene Revisited." *Shakespeare Quarterly* 32, no. 2 (July 1, 1981): 155–62。

關於歐威爾與貝婁的討論，詳見：McCrum, Robert. "The Masterpiece That Killed George Orwell." *Guardian*, May 9, 2009; Massie, Alex. "Jura Days." *Spectator*, August 2, 2013; Bowker, Gordon. *George Orwell*. London: Abacus, 2004; and Bellow, Saul. *There Is Simply Too Much to Think About: Collected Nonfiction*. Edited by Benjamin Taylor. New York: Penguin Books, 2015。

關於傑夫·昆斯的討論，詳見：Croak, James. "The Closer: Memories of Jeff Koons." *Hamptons Art Hub*. August 11, 2014. http://hamptonsarthub.com/2014/08/11/the-closer-memoriesof-jeff-koons; Haden-Guest, Anthony. "Jeff Koons: Art or Commerce?" *Vanity Fair*, November 1991; "Jeff Koons." Interview by Klaus Ottmann. *Journal of Contemporary Art*, 1995. http://www.jca-online.com/koons.html. "Jeff Koons." Interview by Naomi Campbell. *Interview Magazine*, December 12, 2012. http://www.interviewmagazine.com/art/jeff-koons-naomi-campbell. "Jeff Koons: Diary of a Seducer." In *Imagine . . .* BBC One, June 30, 2015; Salmon, Felix. "Jeff Koons: A Master Innovator Turning Money into Art." *Guardian*, July 3, 2014; and Schjeldahl, Peter. "Selling Points: A Jeff Koons Retrospective." *New Yorker*, July 7, 2014。

關於債務選擇的狀況還有許多重要而有用的深入探討，請參見：Bhattacharya, Sudipto. "Corporate Finance and the Legacy of Miller and Modigliani." *Journal of Economic Perspectives* 2, no. 4 (Fall 1988): 135–47; Harris, Milton, and Artur Raviv. "The Theory of Capital Structure." *Journal of Finance* 46, no. 1 (March 1991): 297–355; Hart, Oliver, and John Moore. "Default and Renegotiation: A Dynamic Model of Debt." *Quarterly Journal of Economics* 113, no. 1 (1998): 1–41; Modigliani, Franco, and Merton H. Miller. "Corporate Income Taxes and the Cost of Capital: A Correction." *American Economic Review* 53, no. 3 (June 1963): 433–43; Modigliani, Franco, and Merton H. Miller. "The Cost of Capital, Corporation Finance, and the Theory of Investment."

American Economic Review 48, no. 3 (June 1958): 261–97; and Myers, Stewart C., and Nicholas S. Majluf. "Corporate Financing and Investment Decisions When Firms Have Information that Investors Do Not Have." *Journal of Financial Economics* 13, no. 2 (1984): 187–221。

關於「懸決債務」請詳見：Ishiguro, Kazuo. *The Remains of the Day*. New York: Knopf, 1989; Myers, Stewart. "Determinants of Corporate Borrowing." *Journal of Financial Economics* 5, no. 2 (1977): 147–75。這些概念在公債方面的應用，請參見：Bulow, Jeremy, and Kenneth Rogoff. "Cleaning Up Third-World Debt Without Getting Taken to the Cleaners." *Journal of Economic Perspectives* 4 (1990): 31–42。

關於「遺憾」的討論，請參見：Roese, Neal J., and Amy Summerville. "What We Regret Most . . . and Why." *Personality and Social Psychology Bulletin* 31, no. 9 (September 2005): 1273–85; and Parker-Pope, Tara. "What's Your Biggest Regret?" *New York Times* (blog), March 23, 2011. http://well.blogs.nytimes.com/2011/03/23/whats-your-biggest-regret/?_r=0。關於承諾機制，請參見：Bryan, Gharan, Dean Karlan, and Scott Nelson. "Commitment Devices." *Annual Review of Economics* 2 (September 2010): 671–98. 關於槓桿紅利，請參見：Jensen, Michael C. "Agency Cost of Free Cash Flow, Corporate Finance, and Takeovers." *American Economic Review* 76, no. 2

(May 1986): 323–29; Watson, Thomas J., and Peter Petre. *Father, Son & Co.: My Life at IBM and Beyond*. New York: Bantam Books, 1990; Shenk, Joshua Wolf. "What Makes Us Happy?" *Atlantic*, June 2009; Vaillant, George E. *Triumphs of Experience: The Men of the Harvard Grant Study*. Cambridge, MA: Belknap Press of Harvard University Press, 2012; and Jefferson, Thomas. *Thomas Jefferson to José Corrêa da Serra*. December 27, 1814. Monticello, Charlottesville, Virginia. http://founders.archives.gov/documents/Jefferson/03-08-02-0143。

1.「浮浪子弟和騙子」：Smith, *The Wealth of Nations*, book II, chapter 4.
2.「在這種狀況下」：Bentham, *Defence of Usury*, 174.
3.「這是王公大臣」：ibid., 157.
4.「任何追求財富」：ibid., 135.
5.「他免費借錢」：Shakespeare, *The Merchant of Venice*, act I, scene 3.
6.「將效用與義務」：Auden, "A Merchant in Venice," 147.
7.「讓受益者吞下」：Berger, "Marriage and Mercifixion in The Merchant of Venice," 160.
8.「沒幾齣戲」：Auden, "A Merchant in Venice," 140.
9.「在《威尼斯商人》」：ibid.

10.「在新聞媒體中快窒息了」：McCrum, "The Masterpiece That Killed George Orwell." https://www.theguardian.com/books/2009/may/10/1984-george-orwell.

11.「大家都不停地找我」：ibid.

12.「讓人非常難忘」：Massie, "Jura Days." http://blogs.spectator.co.uk/2013/08/jura-days-2.

13.「（小說家）就在四面牆之間」：Bellow, *There Is Simply Too Much to Think About*, 201.

14.「大型團隊」：ibid., 135.

15.「當今世界」：Schjeldahl, "Selling Points." http://www.newyorker.com/magazine/2014/07/07/selling-points.

16.「出點子的人」：Koons, interview by Klaus Ottmann. http://www.jca-online.com/koons.html.

17.「不斷投入」：Schjeldahl, "Selling Points."

18.「操縱每一個」：Koons, interview by Naomi Campbell. http://www.interviewmagazine.

com/art/jeff-koons-naomi-campbell.

19.「昆斯這種模式」：Salmon, "Jeff Koons: A Master Innovator Turning Money into Art." https://www.theguardian.com/artanddesign/2014/jul/03/jeff-koons-master-innovator-whitney-money-art.

20.「昆斯做了」：ibid.

21.「資深員工若是」：Ishiguro, *The Remains of the Day*, 51.

22.「我想，史蒂文斯」：ibid., 173.

23.「肯頓小姐」：ibid.

24.「勝利感」：ibid., 110, 227.

25.「我這輩子最好的」：ibid., 242.

26.「害怕無力償債」：Jensen, "Agency Cost of Free Cash Flow, Corporate Finance, and Takeovers," 323.

27.「不要跟那些」：Watson and Petre, *Father, Son & Co.*, 67.

28.「威蘭特另一個」：Shenk, "What Makes Us Happy?" http://www.theatlantic.com/magazine/archive/2009/06/what-makesus-happy/307439.

29.「我一向認為」：Jefferson to José Corrêa da Serra. http://founders.archives.gov/documents/Jefferson/03-08-02-0143.

30.「這個會有一種」：Koons, "Jeff Koons: Diary of a Seducer." https://vimeo.com/121220005.

第7章

羅伯特．莫里斯的生平請詳見：Smith, Ryan K. *Robert Morris's Folly: The Architectural and Financial Failures of an American Founder*. New Haven, CT: Yale University Press, 2014; Rappleye, Charles. *Robert Morris: Financier of the American Revolution*. New York: Simon & Schuster, 2010; and McCraw, Thomas K. *The Founders and Finance: How Hamilton, Gallatin, and Other Immigrants Forged a New Economy*. Cambridge, MA: Belknap Press of Harvard University Press, 2012。

破產法的早期演變及羅伯特．莫里斯在其中所扮演角色的最佳描述：Mann, Bruce H. *Republic of Debtors: Bankruptcy in the Age of American Independence*. Cambridge, MA: Harvard University Press, 2002。另一本翔實記錄是：Skeel, David A. *Debt's Dominion: A History of Bankruptcy Law in America*. Princeton, NJ: Princeton University Press, 2001。關於從失敗中學

習的討論，參見：Edmondson, Amy. "Strategies for Learning from Failure." *Harvard Business Review* (April 2011 reprint): 1–9。百色美創投夥伴公司對自己的吐槽，參見：https://www.bvp.com/portfolio/anti-portfolio。

關於雷曼兄弟公司的破產，請參見：McCracken, Jeffrey. "Lehman's Chaotic Bankruptcy Filing Destroyed Billions in Value." *Wall Street Journal*, December 29, 2008。

關於美國航空公司破產案最完整的敘述，請參見：Shih, Willy. "American Airlines in 2011." Harvard Business School Case 615-009, July 2014 (revised November 2015); and Lynagh, Connor, Darryl Pinkus, Andrew Ralph, and Michael Sutcliffe. "The American Airlines Bankruptcy." Turnaround Management Association. https://turnaround.org/cmaextras/Carl-Marks-Competition-American-Airlines.pdf。另外我還參考了幾則報導：Bailey, Jeff. "Anger Management at American Airlines." *New York Times*, July 23, 2006; Mouawad, Jad. "A Waning Star of Air Travel Struggles as a Solo Act." *New York Times*, May 19, 2010; Lindsay, D. Michael. "A C.E.O.'s Moral Stand." *New York Times*, November 30, 2011; Maxon, Terry. "Former AMR Board Member Credits Ex-CEO Gerard Arpey for Keeping Company Going." *Dallas News*, November 30, 2011; Brown, Nick. "AMR Labor Needs Shifted After Bankruptcy." *Reuters*, April 26, 2012; "AMR All Shook

Up." *Bloomberg News*, November 30, 2011; Gandel, Stephen. "American Airlines: Bankrupt Companies Are Healthier than They Used to Be." *Time*, November 30, 2011。美國航空公司的員工資料是來自：“Overview of BLS Statistics by Industry.” U.S. Bureau of Labor Statistics. 2016. http://www.bls.gov/bls/industry.htm。關於破產實務最近的檢討，請參見：Gilson, Stuart C. *Creating Value Through Corporate Restructuring: Case Studies in Bankruptcies, Buyouts, and Breakups*. New York: Wiley, 2001。

關於古希臘悲劇與瑪莎・努斯鮑姆的討論，請參見：Eliot, T. S. *Four Quartets*. London: Faber & Faber, 1944; Euripides. *Iphigenia in Aulis*. Translated by Nicholas Rudall. Chicago: Ivan R. Dee, 1997; Euripides. *Hecuba*. Translated by Janet Lembke, and Kenneth J. Reckford. New York: Oxford University Press, 1991; and Eknath, Easwaran. *The Bhagavad Gita*. Petaluma, CA: Nilgiri Press, 1985; Nussbaum, Martha C. *The Fragility of Goodness: Luck and Ethics in Greek Tragedy and Philosophy*. Cambridge: Cambridge University Press, 1986; Knull, Katie Roth, and Jack Sameth, producers. "Martha Nussbaum." Transcript. In *Bill Moyers's World of Ideas*. PBS, November 16, 1988; and Nussbaum, Martha C. "The Costs of Tragedy: Some Limits of Cost Benefit Analysis." *Journal of Legal Studies* 29, no. 2 (June 2000): 1005–36. 關於《薄伽梵歌》與

艾略特（以及邊沁與亞當斯密的爭議）的最佳闡釋，請參見：Sen, Amartya K. “Money and Value: On the Ethics and Economics of Finance.” Bank of Italy Baffi Lecture, 1991。

1.「美國經濟界」：Mann, *Republic of Debtors*, 262.
2.「就像一場小地震」：Fisher, quoted in Smith, *Robert Morris's Folly*, 207.
3.「連那位莫里斯」：Mann, *Republic of Debtors*, 207.
4.「破產法案」：ibid., 229.
5.「今日的複雜工作」：Edmondson, “Strategies for Learning from Failure,” 9.
6.「破產法的基本兩難」：Mann, Republic of Debtors, 255.
7.「你就說我是」：Bailey, “Anger Management at American Airlines.” http://www.nytimes.com/2006/07/23/business/yourmoney/23arpey.html.
8.「這個產業常常」：Arpey, quoted in Mouawad, “A Waning Star of Air Travel Struggles as a Solo Act.” http://dealbook.nytimes.com/2010/05/20/waning-star-of-the-air-struggles-as-solo-act/?_r=0.
9.「他在美國企業界」：Boren, quoted in Maxon, “Former AMR Board Member Credits Ex-CEO Gerard Arpey for Keeping Company Going.” http://www.dallasnews.com/

business/airlines/2011/11/30/former-amr-board-member-credits-ex-ceo-gerard-arpey-forkeeping-company-going.

10. 「我們現在說的」：American Airlines press release, quoted in "AMR All Shook Up," and Gandel, "American Airlines."

11. 「不服從（眾神）」：Agamemnon, quoted in Nussbaum, "The Costs of Tragedy," 1005–36。這幾句臺詞有很多不同的翻譯文本，我摘引的是努斯鮑姆文章附注七。另一種不同的譯文（第二一五行至二一八行）請參見：http://www.poetryintranslation.com/PITBR/Greek/Agamemnon.htm.

12. 「不是告別」：Eliot, Four Quartets, 31.

13. 「我的價值組合」：Nussbaum, *The Fragility of Goodness*, 7.

14. 「淨做一些」：Brown, "AMR Labor Needs Shifted After Bankruptcy." http://www.reuters.com/article/us-amr-hearing-idUSBRE83P1L220120426.

15. 「到底誰才是」：James Dubela, email to author, July 15, 2016.

16. 「我認為這不是」：Nussbaum, interview in *Bill Moyers's World of Ideas*. http://www.pbs.org/moyers/journal/archives/nussbaumwoi_flash.html.

17.「我必須在各種」：Nussbaum, *The Fragility of Goodness*, 5.

第8章

本章引用資料主要來自：Tolstoy, Leo. "How Much Land Does a Man Need?" Translated by Ronald Wilks. New York: Penguin Books, 2015; Dreiser, Theodore. *The Financier*. Cleveland, OH: World Pub., 1940; Ellis, Bret Easton. *American Psycho*. New York: Vintage Books, 1991. DeLillo, Don. *Cosmopolis*. New York: Scribner, 2003; Cather, Willa. *O Pioneers!* In *Willa Cather: Novels and Stories 1905–1918*. New York: Library of America, 1999。

喬艾斯引文來自：Orwin, Donna Tussing. *The Cambridge Companion to Tolstoy*. Cambridge: Cambridge University Press, 2002。

關於馬汀．史克雷利的資料，我援引自：Goldman, David. "Who Is Martin Shkreli? A Timeline." *CNN Money*, December 18, 2015. http://money.cnn.com/2015/12/18/news/companies/martin-shkreli/; McLean, Bethany. "Everything You Know About Martin Shkreli Is Wrong — or Is It?" *Vanity Fair*, February 2016; and Sanneh, Kelefa. "Everyone Hates Martin Shkreli. Everyone Is Missing the Point." *New Yorker*, February 5, 2016. 綜合大眾對金融的成見，請參閱：Owens, L.

A. "The Polls — Trends: Confidence in Banks, Financial Institutions, and Wall Street, 1971–2011." *Public Opinion Quarterly* 76, no. 1 (2012): 142–62。

德萊塞訪談援引自：Rusch, Frederic E., and Donald Pizer, eds. *Theodore Dreiser: Interviews*. Urbana: University of Illinois Press, 2004.

關於「歸因謬誤」背景資料可參閱：Heider, Fritz. *The Psychology of Interpersonal Relations*. New York: Wiley, 1958; Larson, James R. "Evidence for a Self-Serving Bias in the Attribution of Causality." *Journal of Personality* 45, no. 3 (1977): 430–41; and Miller, Dale T., and Michael Ross. "Self-Serving Biases in the Attribution of Causality: Fact or Fiction?" *Psychological Bulletin* 82, no. 2 (1975): 213。

薇拉・凱瑟作品的關聯性，我是在這裡發現的：Cox, Stephen. "The Panic of '93: The Literary Response." In *Capitalism and Commerce in Imaginative Literature*. Edited by Edward Younkis. Lanham, MD: Lexington Books, 2016。

1.「我們所知」：Joyce, quoted in Orwin, *The Cambridge Companion to Tolstoy*, 209.

2.「貨真價實的地主」：Tolstoy, "How Much Land Does a Man Need?," 4.

3.「充滿了喜悅」：ibid., 5.

4.「一切好像」ibid., 8.

5.「我們的價格」：ibid., 13.

6.「巴宏的僕人」：ibid., 21.

7.「我要是有」ibid., 2.

8.「我會給你」：ibid.

9.「這件事給他」：Dreiser, *The Financier*, 11.

10.「人類心靈擺脫」：Dreiser, quoted in Rusch and Pizer, *Theodore Dreiser*, 35.

11.「掏盡我們的」：Cather, *O Pioneers!*, 171.

12.「向男人詢問」：ibid., 170.

13.「那邊雖然」：ibid.

14.「但你怎麼」：ibid., 171.

15.「我就是知道」：ibid.

16.「我從沒想過」：ibid., 190.

17.「路易跟我」：ibid., 181.

18.「妳後來賺來」：ibid., 220.

19.「有膽量的話」：ibid., 192.
20.「這樣只是浪費」：ibid.
21.「這都不是」：ibid., 194.
22.「很奇怪地未加修飾」：ibid., 178.
23.「我要的不是錢」ibid., 287.
24.「她勤奮努力」：ibid., 220.
25.「他在一個陌生」：ibid., 280.
26.「我永遠不會」：ibid., 283.
27.「假如我把」：ibid., 289.
28.「我們人也不過」：ibid., 196.

結語

兩種文化的爭議是根據：Snow, C. P. *The Two Cultures and the Scientific Revolution*. 1st ed. New York: Cambridge University Press, 1959; Wilson, Edward O. *Consilience: The Unity of Knowledge*. New York: Vintage Books, 1999; and Gould, Stephen Jay. *The Hedgehog, the Fox, and the Magister's Pox: Mending the Gap Between Science and the Humanities*. New York: Harmony Books, 2003。

1.「傳統文化的所有文獻」：Snow, *The Two Cultures and the Scientific Revolution*, 15.

2.「這種兩極化」：ibid., 12.

3.「如今在思想」：ibid., 17.

4.「為了智識生活」：ibid., 53.

5.「當這兩種文化」：ibid.

6.「愛奧尼亞魔法」：Wilson, *Consilience*, 5.

7.「要統合學術」：ibid., 137.

8.「我們優雅」：ibid., 71.

國家圖書館出版品預行編目資料

金融的智慧（長銷典藏版）：掌握風險與報酬，一堂跨越文學、歷史與哲學的金融課 / 米希爾．德賽 (Mihir A. Desai) 著；陳重亨譯. -- 二版. -- 臺北市：今周刊出版社股份有限公司, 2023.05
面； 公分
譯自：The wisdom of finance : discovering humanity in the world of risk and return
ISBN 978-626-7266-19-9(平裝)
1.CST: 金融 2.CST: 金融業
561 112005123

FUTURE 系列 FT10015

金融的智慧（長銷典藏版）：結合文學、歷史與哲學的哈佛畢業演講，教你掌握風險與報酬

The Wisdom of Finance: Discovering Humanity in the World of Risk and Return

作　　者　米希爾．德賽（Mihir A. Desai）
譯　　者　陳重亨
責任編輯　許訓彰
封面設計　兒日設計
內文排版　黃雅芬
校　　對　張秀雲

出 版 者　今周刊出版社股份有限公司
發 行 人　梁永煌
社　　長　謝春滿
總 編 輯　許訓彰

行銷經理　胡弘一
企劃主任　朱安棋
行銷企畫　林律涵、林苡蓁
印　　務　詹夏深

地　　址　臺北市南京東路一段 96 號 8 樓
電　　話　886-2-2581-6196
傳　　真　886-2-2531-6438
讀者專線　886-2-2581-6196 轉 1
劃撥帳號　19865054
戶　　名　今周刊出版社股份有限公司
網　　址　http://www.businesstoday.com.tw

總 經 銷　大和書報股份有限公司
電　　話　886-2-8990-2588
製版印刷　緯峰印刷股份有限公司
二版一刷　2023 年 5 月
定　　價　400 元